潘宗光教授著

心經与生活智慧

（第二版）

金庸書

复旦大學
出版社

"花开见佛悟无生　不退菩萨为伴侣"——《华严经》

献给内子婉芬——

感恩有您共同生活　甘苦与共

目　录

心经与生活智慧

佛教与人生

心经与生活智慧

重印缘起

《心经与生活智慧》一书的繁体字初版于 1998 年在香港付梓，简体字版于 2004 年在内地出版，并已于 2015 年售罄。有朋友因买不到此书感到惋惜，向我查询会否安排重印出版。

回想廿多年前我编写此类书籍的时候学佛日子尚浅，有感于传统解说佛学的方式往往偏重名相，欠缺生活上的应用，便构思撰写一些帮助初学佛者了解《心经》的书，重点在于如何将经文的智慧应用于生活上的各个层面。先于 1998 年出版《心经与生活智慧》，内容以显浅文字及生活例子阐释佛教的基本义理，并指出修行应要关注的范畴。再于 2004 年完成了《心经与现代管理》，内容主要分享我当年担任香港理工大学校长时，如何透过《心经》的智慧提升大学管理成效。

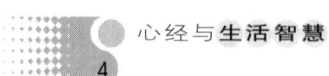
　　30 年来不断学佛和修持加深了我对《心经》的体会，但我未忘初心，希望继续以文字与有缘人分享佛理的奥妙。是次重印本书，我保留原作的风貌，只略作文字上的润饰，再跟大家结缘。

　　希望将来有缘能与广大佛友再分享我对《心经》要义及其他更深层次的领会。这次重印，我衷心感谢各界读者的鼓励，更感恩上海复旦大学出版社的帮助，玉成此事，本人谨此表达谢意。

二○二二年七月于香港

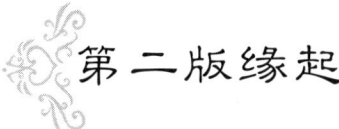

第二版缘起

　　本书出版至今已转瞬六年。在这些日子里自觉思想也起了一些变化,除了对佛学有较深入的了解外,对中国文化也产生了浓厚的兴趣,这些改变正好印证了佛教说无常的道理。藉着这次再版,我把本书的结构和内容重新整辑和润饰,盼望让读者更容易了解佛学的道理。

　　在《心经与生活智慧》中,除了用"人无我"和"法无我"来解释"五蕴皆空"和"诸法空相"外,原来《再释五蕴》一节现改为《色即是空》,当中并加入了对慈悲和智慧之间关系的解释。

　　《佛教与人生》最初为演讲笔记,因此内容较为简略。藉此再版机会,我就章节的次序作了修改,并对部分佛学名相加入了补充资料。第一章先讲解佛教的基本义理(原为第二章),介绍释迦牟尼佛、缘起法、诸行无常、诸法无我、中道与空、三法印;第二章《佛教不是消极的宗教》除了讲解四圣谛外(原为第一章),还补充了行苦的解释;第三章《佛教不是导人迷信的宗教》说明佛教与科学的关系,并加入了物质二重性的例证;第四章《佛教的实践》讲解八正道和六波罗蜜,亦对修习禅定作了一些补充。

　　我谨希望藉着今次的再版,进一步推动佛教的发展;能为中国佛教文化尽一点绵力,也就是我衷心的愿望。最后,我要藉此机会感谢欧阳可兴居士,他提供的宝贵意见,令本书无论在结构上还是内容上都更为完备。

潘宗光

二○○七年十月二日于香港

潘校长远赴河北省柏林禅寺,将本书初稿交于净慧法师指正。

净慧法师与潘校长摄于柏林禅寺山门前,时值隆冬,积雪盈尺,潘校长仍难掩兴奋心情。

序（增编版）

净慧法师

初识潘宗光先生是在一九九九年八月。当时知道潘先生以科学家的身份致力于佛法的修习与弘扬，深为叹服。二○○○年六月，因缘和合，潘先生专程到柏林禅寺皈依三宝。通过近三小时的交谈，对潘先生的家庭情况、学习佛法的因缘和心态、弘扬佛法的志趣等，都有所了解。深感在科技至上、心灵贫乏的当今时代，居然有像潘先生这样的著名科学家回眸传统思想文化，倾心佛法修习弘扬，诚为难得。及至读了潘先生所著《心经与生活智慧》一书，其中的许多思想大有所见略同之感。此处提出两点，略加梳理，聊当序言，以随喜潘先生此书之问世。

我平生对佛法有两点理解，那就是我认为佛法是生活的，佛法是创造的。佛法是生活的，应以佛法之甚深智慧，觉悟人生；佛法是创造的，应以佛法之广大慈悲精神，奉献人生。

首先我认为佛法是生活的。佛法所揭示的是生活的真理、生活的艺术，因而学佛者必须用佛法来净化我们的生活品质、指导我们的生活实践；研习佛法的最好方法也应是在生活中观察思维并逐步落实。我们全部的生活也就是《心经》中说的"五蕴"。"五蕴"又叫"五阴"，对于没有般若智慧的人来讲，它全体就是障碍、是"黑漆桶"；同时，"五蕴"在理体上又内在的具足超越性——空性。修行就是要如实地"照见"这一空性，如实地认知这一空性，由此显发般若智慧，进入觉悟解脱的生活。潘先生能把抽象的经文还原为生活的实际，既生动又透彻。这种贴近生活的解经方法很适合现代人的意趣。

其次我还认为佛法是创造的。诸法的空相是缘起无生（不生不灭），但这"无生"不是"死灭"、"断灭"，而是生生无尽，生而无生，不生不灭中蕴含着无穷无尽的生机。《金刚经》说："应无所住，而生其心。"菩萨就是在这"无所在"处生起利乐有情的大悲心，在众生的世界大作建立、广事兴显、发光发热、为路为桥。佛法帮助我们从无明执著中解脱出来的同时，也把我们利益众生、化育万有的创造力和热情释放出来。我们的烦恼息灭一分，我们生命的创造力就增长一分。《心经》中说："无罣碍故，无有恐怖,远离颠倒梦想,究竟涅槃。"此究竟涅槃不可执为一终极的果证,它是一个无尽展现,圆融无际的过程,其中龙象蹴踏、大行大愿、生机盎然,所谓"无一物中无尽藏,有花有月有楼台",岂只是"有花有月有楼台",从实践上就是创造花、创造月、创造楼台。不过此种创造对菩萨来说是顺乎缘起、任运无为的,修行者也有一个由有为到任运、如如不住的过程。

二十一世纪,我们应特别提倡生活的佛法、创造的佛法。生活的佛法就是近现代许多大德倡导的人间佛教,创造的佛法则是中国大乘佛法尤其禅宗祖师提倡的"深深海底行"的精神。作为科学家、教育家的潘先生不仅能身体力行,讲说佛法,而且能在家庭、社会上尽职尽责,在滚滚红尘之流中逆水扬帆、鼓棹而上,大作佛事,这是最难得的。

于河北赵州柏林禅寺问禅寮

二〇〇〇年除夕

佛法义理浩瀚如海,潘宗光教授与星云大师有缘一席话,更体会到佛学亦是一门深奥渊博的哲学。

星云大师谓,潘宗光教授可贵的是深具菩萨心肠。大师又何尝不是菩萨再来哩!

序（初版）

星云大师

在佛教里有一首偈子说明佛陀宣说一代时教的先后顺序及时间长短："华严最初三七日，阿含十二方等八，二十二年般若谈，法华涅槃共八载。"

佛陀说法四十九年，光是讲"般若"就花了二十二年，因此流传至今，虽历经战乱，许多典籍多有佚失，"般若部"仍是最大部头的经典，几乎占了"经藏"的三分之一。

佛法义理浩瀚如海，为何独钟"般若"呢？在《大品般若经·萨陀波仑品》中，描述萨陀波仑菩萨来到众香城，见昙无竭菩萨在高台上说法，众人恭敬围绕，种种供养，即问释提桓因（忉利天天主）："何因缘故，与无量百千万诸天，以天曼陀罗华、碎末栴檀，磨众宝屑，以散台上，鼓天伎乐于虚空中，娱乐此台？"释提桓因答言："汝善男子不知耶！此是摩诃般若波罗蜜，是诸菩萨摩诃萨母，能生诸佛，摄持菩萨。菩萨学是般若波罗蜜，成就一切诸功德，得诸佛法一切种智。"在《大智度论》中，龙树菩萨也说："般若波罗蜜，是诸佛母，父母之中，母功最重，是故佛以般若为母……般若波罗蜜，能遍观诸法分别实相，无事不达，无事不成，功德大故，名之为母。""五波罗蜜（布施、忍辱、持戒、精进、禅定）离般若，不得波罗蜜名字。五波罗蜜如盲，般若波罗蜜如眼；五波罗蜜如坏瓶盛水，般若波罗蜜如成熟瓶；五波罗蜜如鸟无两翼，般若波罗蜜如有翼之鸟。如是等种种因缘故，般若波罗蜜能成大事，以是故言：欲得诸功德及愿，当学般若波罗蜜。""般若"的重要性可见一斑。

在卷帙庞大的"般若"经典中，又以《心经》（《般若波罗蜜多心经》的简称）流传最广。尤其在中国，凡是佛教徒几乎都能将《心经》朗朗上口，甚至许多人以之作为日课，早晚熏修。在佛教消灾、祈福、追荐、祝祷等仪式中，我们也经常会听到《心经》的语句随着磬鱼声宣流而出，精简的文字、深远的义蕴，像警钟般敲击心扉，感人肺腑。

《心经》宛如其名，不但是般若的精髓，也是佛法的宗要；不但告诉我们世间的究竟实相，也指引我们如何将颠倒妄想的生灭心转为不生不灭的真如心，故能度一切苦厄。因此，历代高僧大德不但乐于宣讲，为之注疏者亦不知凡几。可惜的是，古文艰涩难懂，今人不易领略，再加上《心经》里名相很多，一般人更是无法窥其堂奥。

潘宗光教授为举世闻名的科学家，公余之暇，发心推广佛法，利乐众生，今撰写《心经与生活智慧》，以其深厚的学养来敷演妙谛，或分析演绎，或统一归纳，行文流畅，字字珠玑。最难得的是，他能善用生活周遭的例子来阐释名相，对于"四圣谛"、"十二因缘"、"六道轮回"、"空"、"有"、"中道"……等等，都有精辟独到的见解，令人一读再读，反复咀嚼，不忍释手。

潘教授完成大作之后索序于我，余嘉其用心，欣然承应，写此数语，希望他能再接再厉，藉生花之妙笔，行弘法之大业。

一九九八年八月一日于台湾佛光山

　　查良镛博士对潘校长将学佛体验写书付梓，十分嘉许，再惠墨宝为书名题字，以示支持。

序（初版）

查良镛博士

吾友潘宗光先生勤修佛法，久而有成，怀抱大乘心怀，以研习所得，用浅近文字及易解譬喻，写成通俗的入门性小册子，以供对佛法有兴趣的大众有一个正确的了解。他选择的第一个工作是解释《心经》。

潘先生是科学家，头脑清晰而精密，他用了一些近代的哲学名词来解释《心经》，凡是对哲学稍有素养的人，应当是易于明白的。不过"般若学"是佛法中最艰难的部分，普通佛法已经难懂，"般若"更是难之又难，《心经》是《大般若波罗蜜多经》的精华摘要，《大般若经》长达数百卷，《心经》以寥寥二百多字摄其精义，只能提出要点，并不详细解释，对佛法如无素养，读起来轻而易举，解起来寸步难行。无论如何，读了潘先生这本浅解之后，即使不能充分明白，至少是走上了正确了解《心经》的正路。

我的建议是：你不懂《心经》，那没有关系，世上懂的人本就不多，即使许多有名的高僧，大概也不真懂（他们所著作的《心经》讲解，有些地方错得十分离谱）。我读过不少与佛经有关书籍，但对《心经》还是觉得不大懂。

所以，如果你对哪一句经文不懂，跳过去就是了，你一遍又一遍的念《心经》念下去，潘先生这本小册子也一遍又一遍的读下去，三个月之后，相信便会多懂不少。我细读了潘先生这本书后，可以肯定的告诉你，《心经》极不容易解释，潘先生解释到这个地步，已经算是很好了。

或许有些地方你还是茫然不解，那不要紧，潘先生的解释是正路，不会引你走入错路。佛法是很难懂的，修习佛法要先经过五个阶段——布施、忍辱、持戒、精进、禅定——这才开始进入般若，是不是能得到般若智，还是难说得很。要像观自在（观世音）菩萨那样，才能"行深般若波罗蜜多"，而能"照见五蕴皆空"。

我们是凡夫俗子，当然做不到观世音菩萨那样，但不要紧，《心经》已经指出了道路。《心经》如同是岔路口的一个路标箭头："由此前去，可至彼岸，可以解脱一切恐惧与烦恼。"观世音菩萨早已到达了，在彼岸等你，《心经》告诉你,观世音菩萨是从那条路走过去的。那条路仍然在那里。道路很长,路途也很崎岖难行,但每多走一步,便离开痛苦远了一步。《心经》指明了道路之后,热心的鼓励你:"走啊,走啊! 走这条正路,全心全意的到彼岸去啊!"

李良镛

一九九八年九月十四日于香港

自序（增编版）

自本书面世以来，不断收到各界朋友的意见，他们大多作出热诚的鼓励和支持，当然，其中亦有一些中肯的批评，还有一些"茫然不满"的朋友提出了疑问。承蒙各位的错爱，本书第一版已经售罄。现在再版，作出了如下的修改和润饰：

在"心经经文"、"不执著、如实知"、"空"、"六根、十二处、十八界"、"四圣谛"、"无所得"、"涅槃"等章节中重组了篇幅，并增加了一些生活和修行的例子；"再释五蕴"中除了补充例子外，更强调从"观色即空成大智，观空即色成大悲"的思路去理解"色不异空，空不异色，色即是空，空即是色"，而其所引申出的生活智慧就是自度、度他，虽然本书只着重生活和修行实践方面，但在"诸法"一节中也简略一提有关"不生不灭"的较高层次，以便对照；由于时隔久远，兼且地域不同，故此佛学名相较为繁难，往往令初学者望而却步，为了使初看佛教书籍的读者易于应付，书末附上"本书佛学名词浅释"以便统一参考。谨希望以上这些改动能够为了解《心经》提供一个更方便的开始。

　　藉在这里向本人的皈依师——净慧法师，为本书增编版赐序表示深切感激，更加感谢星云大师赐序（初版），查良镛博士惠赐墨宝及赐序（初版），杨钊博士赞助出版，欧阳可兴居士笔录，李泽文先生赠与国画。最后，我要感谢内子婉芬给予本人无限的支持。

二〇〇一年五月二日于香港

自序（初版）

曾经有人问我，作为从事科学研究的教育工作者，在思想上是否会与学佛有抵触呢？我想在此引用孙中山先生和爱因斯坦对佛教的看法来简略地回应一下。孙中山先生说："佛教乃救世之仁，佛学是哲学之母，研究佛学可补科学之偏。"爱因斯坦说："完美的宗教应该是宇宙性的，它超越了一个人格化的神，扬弃了死板的信条教义及宗教理论，涵盖着整个自然与精神，它应该是建基于对万有的体会而生起的宗教意识，将自然与精神结合成一个有意义的统一体，佛教就正符合这些条件。"佛教和科学的范畴虽然有所不同，但贯穿着两者背后对因果的探索和学习，对我来说却有异曲同工之妙。

我深切地体会到，佛教不是单讲信仰，而是一门深奥渊博的哲学，需要多方面而恒久的实践，很值得我们去探索和学习。令我印象深刻的经典，包括《心经》、《金刚经》、《六祖坛经》及《中论》。星云大师和印顺导师的作品、南传佛教亚羌查和佛使比丘的著作等，都令我有很大的感受。我除了听经、看有关佛教的书籍外,亦尝试过体验修行的生活,并曾到过台湾佛光山参加七日短期出家和缅甸宣隆寺接受禅修集训,体会十分深刻,因此亦养成了早起禅坐的习惯。透过坐禅,使我开始认识自己的内心世界,得以拓展心灵空间,逐渐扩大视野,处事的态度亦较前客观和包容。

近年来,很多大德致力于推广人间佛教,对于普及佛教影响深远。所谓"佛法在世间,不离世间觉"。我很认同佛教应该继续朝着生活化的方向发展,让更多人可以接近它、认识它,并藉着领悟佛法智慧,提升生活品质,活得更充实和更快乐。

在众多佛经中,我对《心经》(《般若波罗蜜多心经》的简称)有特别的喜爱。《心经》全文只有二百六十字,是印度六百卷《大般若经》的精华。在中国广为流传,也是很多人读的佛经。《心经》的注解版本虽然不少,但多为较深入及复杂的解释,不是一般初学佛者,在短时间内所能明白或吸收的。尤其是《心经》的对象,是对佛教已有一定认识的人,而不是一般初学者。虽然我的佛学修为很肤浅,但亦了解到推广佛教是每一位学佛者的责任。既然《心经》

在民间流传甚广，所以我亦不执著效果如何，只希望尽一己所能，尝试以浅白的文字阐释《心经》，并且多用生活例子，帮助初学者去理解和掌握其中的精粹。有鉴于初学佛者对佛教的基本思想可能不大认识，故此我亦多用一些篇幅简单介绍一些基本义理及"轮回"等概念。

欧阳可兴居士在记录及整理过程中提供了极宝贵的意见。在此，本人特向他表示衷心的感谢。最后我要感谢星云大师和查良镛博士赐序，及内子婉芬的支持。

一九九八年七月三十日于香港

（一）《般若波罗蜜多心经》

唐三藏法师玄奘译

　　观自在菩萨，行深般若波罗蜜多时，照见五蕴皆空，度一切苦厄。舍利子！色不异空，空不异色，色即是空，空即是色；受、想、行、识，亦复如是。舍利子！是诸法空相，不生不灭、不垢不净、不增不减。是故空中无色，无受、想、行、识。无眼、耳、鼻、舌、身、意，无色、声、香、味、触、法，无眼界，乃至无意识界。无无明，亦无无明尽，乃至无老死，亦无老死尽。无苦、集、灭、道。无智亦无得。以无所得故。菩提萨埵，依般若波罗蜜多故，心无罣碍。无罣碍故，无有恐怖，远离颠倒梦想，究竟涅槃。三世诸佛，依般若波罗蜜多故，得阿耨多罗三藐三菩提。故知般若波罗蜜多，是大神咒，是大明咒，是无上咒，是无等等咒，能除一切苦，真实不虚。故说般若波罗蜜多咒，即说咒曰：揭谛，揭谛，波罗揭谛，波罗僧揭谛，菩提萨婆诃！

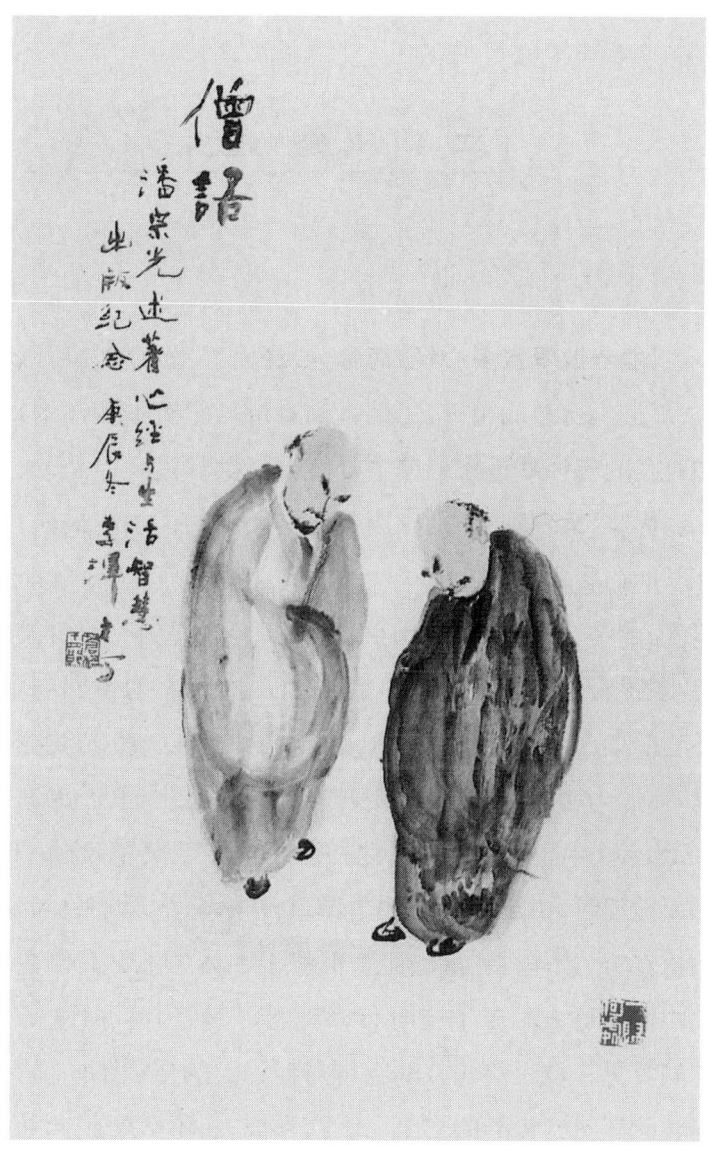

（二）《心经》经文

　　《般若波罗蜜多心经》简称**《心经》**，经文短短二百六十字，却道出佛教的精粹，可谓言简意赅。它有不少译本，例如著名的佛经翻译家鸠摩罗什就曾经翻译过。但是，论到文词优雅、义理圆满，则以唐朝玄奘法师的译本为最佳，故亦以他的版本流传得最广。相传，玄奘法师往天竺（即今印度）求法，经过蜀地益州空慧寺的时候，遇到一位身染恶疾、衣不蔽体的病僧。法师生起慈悲之心，将他带回寺中，悉心照顾至康复。僧人十分感激，于是赠以《般若波罗蜜多心经》为谢礼。玄奘法师视之如珍宝，时常诵读，每遇困难定必迎刃而解。有说当他在取经途中至莫贺延碛一带的流沙河时，由于天气炎热干燥兼且缺水，情况十分凶险。他依然努力不懈持诵《心经》，但终于因体力不支而倒在沙漠中昏睡过去。至午夜时分，幸而天气转为清凉，法师恍惚间梦见一位手持长戟的巨神对他说："为什么不向前行，而在此睡觉？"惊醒的玄奘马上跨马离去，不久便到达一处绿洲而得以解困。及至抵达印度那烂陀寺后,法师才知道送经给他的病僧其实是观世音菩萨的化身。中国文学名著《西游记》的唐三藏①取材自玄奘法师,沙僧就是梦中的北方守护神毗沙门天。《心经》也成为普罗大众心中降妖伏魔、化解危难的灵丹妙药。

这个传说或多或少带有一点宗教的感性成分,但无可否认的是,《心经》除了为我们指出修行的路向外,还可以作为一个方便法门,经常持诵,往往有意想不到的功效,最低限度,它可以使我们心境平和,烦躁减少。大家不妨尝试,于早晚抽点时间,找一个安静的位置坐好,将种种杂务和思虑暂且放下,静心诵读《心经》经文数遍,持之有恒者应可压力舒缓、头脑清醒,此亦不失为一个方便的静心方法。要是我们能更进一步去领悟经文中奥妙的道理,并应用于日常生活中,当可以从安静的心中开启智慧,获得更大裨益。

_____

① 三藏是佛教经、律、论的总称,也就是经文、戒律、义理储存之意。唐朝玄奘法师精通此三者,故被尊称为唐三藏法师。

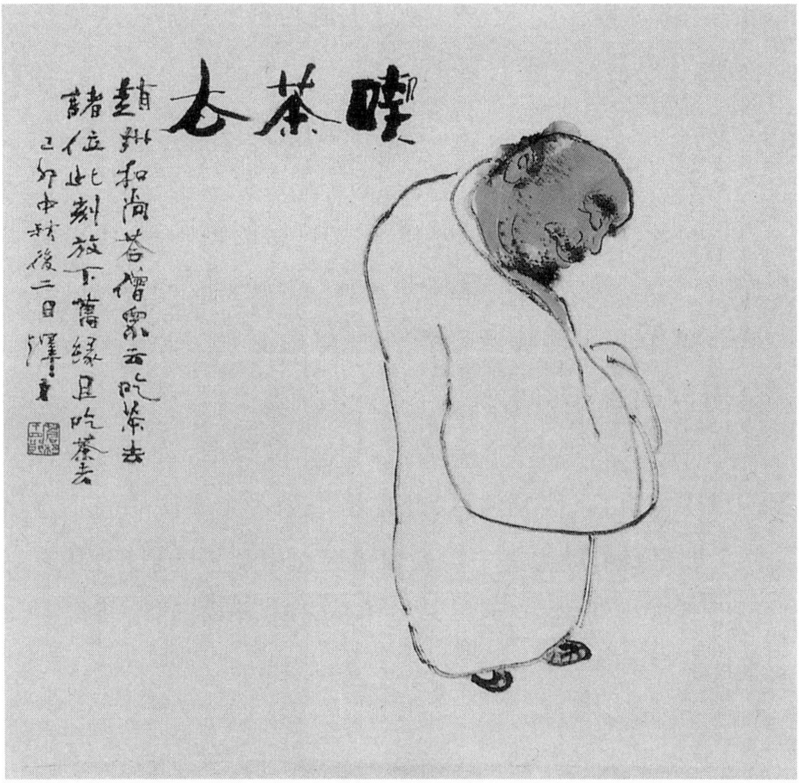
喫茶去
趙州和尚答僧眾云吃茶去
諸位此刻放下舊緣且吃茶去
己卯中秋後二日

（三）总释旨要

现代社会发展一日千里,人际关系错综复杂。处身在疾风般变化万千的环境中,如何使心灵平静自在,不受困扰,从而提高心智的效率,就成为现代人的一个重要课题。有一个佛教故事:旗幡在疾风中飘动,幡下的人在争论,到底是风动呢？还是幡动呢？六祖惠能大师答道:"不是风动,不是幡动,是心在动!"这个公案故事令我们明白到:佛教是以心灵作为探究的对象,而不是以风或幡等外物作为探究对象的。佛教无疑是心灵的智慧结晶,但它能为我们的生活提供实际出路吗？

《心经》是佛教智慧精华所在,我们可以透过认识《心经》来领略佛教智慧,并尝试应用于理解现实人生问题。但在讨论经文部分之前,让我们先概略地介绍经题,弄清一些重要的概念,并且分析经文架构,以帮助对经文内容的理解。

1. 经　　题

　　"般若波罗蜜多"是梵文的音译。"般若"普通话读作
"bō rě",可简单解释为高层面的智慧,能不偏不倚地认识
事物的真正本质。"波罗蜜多"意译为"到彼岸",佛教将我
们生活在被虚妄(即富于欲望、幻想)所缠缚的俗世间比喻
为此岸,真实自在的境界为彼岸。佛法则好比由此岸出
发,载着我们度过人生苦海而抵达彼岸的一条船。**大乘**①
**佛教将由此岸度往彼岸的方法分成六个要门:布施、持戒、
忍辱、精进、禅定、般若,称为"六波罗蜜多"或"六度"**②**,故
"般若波罗蜜多"可简称"智度",直解为智慧到彼岸之意。**

　　"心"解作心要精髓,《心经》可理解为《大般若经》的精
髓。《般若波罗蜜多心经》的整个意思是叫人透过修行而
体证"空"的精义,凭着智慧超脱苦恼,亦以慈悲帮助众生
一起到达解脱自在的彼岸境界。

----

　　①　大乘原意是大的船载,佛教稍后发展,相对于小乘的派别名
称,主旨在于积极发扬自度度他的菩萨道精神——智慧与慈悲并重。
　　②　古文"度"与"渡"通,本书沿用"度"字,有关"六度"的解释详见
"本书佛学名词浅释"。

《心经》的主要精神是指出，人生的诸多苦恼皆因执著而生，我们执著自我和我所拥有的一切。我们要明白执著的害处，学习破除执著；自己修行之余，亦帮助他人修行，自度度他，一起得到觉悟和解脱。

2. 因 缘 所 生 法

世尊释迦牟尼佛①开示，世间一切事物不会永远固定不变，因为它们不能单靠自己就可以形成，亦不能独立存在。**任何事物，都必定依于因缘所生法而形成：事物有它的主因，加上适当的助缘（辅助条件）才会产生**。例如一颗种子，是主因，但单靠自己是不能发芽成长的，一定要有适当的助缘：泥土、水分、阳光、温度、肥料等等，才能发芽成长，终于成为一棵树。烦恼的出现也是一样，它不独是由环境、际遇、人事等外在因素，亦同时是由我们的知识、判断、偏好，甚至体质、情绪等众多内在因素的配合而形成的。

---

① 世尊是佛教对本师释迦牟尼的尊称。"佛"就是圆满的觉悟者，不但自觉亦能觉他。

既然事物要有助缘才会产生,所以事物亦会随着助缘的改变而不断产生变化,因而不可能有一个固定不变的个体。事物最终会由于某些助缘消失而随之毁灭,就像一棵树会因为泥土缺水干旱而枯萎一样。烦恼的止息也是如此,我们可以主动地通过调节身体,稳定情绪,提升心智,使烦恼减弱消失。明白因缘所生法的道理,我们就不会诿过于人;相反,我们更能深入了解问题的因缘条件,弄清条件的主次和关系,增加解决问题的能力。

3. 不执著、如实知

为什么说人生的苦恼都是由"执著"而来呢?因为"执著"就会将人们对事物的理解留在过往的认识或固有的价值之下,它不独局限了人们的视界,亦会使个人的价值观作为判断事物的唯一标准。假若执著于一个目标、一个方法或者一个观念,人们便会忽略背后的因缘条件,因而失去弹性和开放性,无法应付外在环境变化,导致挫败和烦恼。

有些人执著金钱财富的累积,忽略内在个人才能和品格的培养、家庭的支持、人际关系的建立,他们在遇到失败时感到无所适从,无以面对逆境的挑战;现今家长往往执著对子女的偏袒爱护,可能过分着意于物质索求的满足,而忽略了对他们的情绪教育、性格开展等精神素质,致使他们在独立面对人生,遭受挫败时,无法接受现实,更无法进一步思考,不能理性地处理问题,因而走上自毁的道路,以悲剧告终。可见,尽管有最好的出发点,一旦被执著了,爱亦会变成为害。

很多人误解,以为佛教讲"不执著"就是采取无所谓、浑噩放任的人生态度。**其实"不执著"是指不为过往的认识所局限而如实地观察事物**。就以办学为例,假如有些老师不称职、不尽责,甚或误人子弟,该怎么办呢?首先,作为校长,不能因为执著自己的偏见或权力而贸然行动,反而要客观深入调查。虽然个人难免有些主观的见解,但亦应努力尝试站在该位老师的立场去看整件事,综合各方的观点来认识事实真相,然后才能作出理性的决定。虽然最终的决定与原先的判断看来或许是一样,但在精神上却已经过了一个正、反、合的历程。"正"就是指最先个人主观的直接反应;"反"就是透过对方的角度去理解整件事;"合"就是既非执著个人反应,亦非执著偏袒对方,而是找

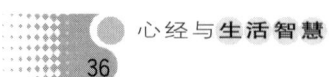

出事实的重点,然后作出理性的决定。

以上的生活例子只是一个简单的比拟,要能达至理想境界当然并非轻易,必须经过持久的修行训练。"不执著"的修行就是做到完全觉知当下的环境与事物,不被过往观念与经验而产生的主观作用所局限,而能专注于当下情况,也就是**"见只是见,闻只是闻,触只是触,起念只是觉知"**。

在这里可以分享一下我在缅甸修习宣隆内观禅法的一点体验。先用一个较稳妥的姿势盘腿坐下来,持续一轮快速且强劲的呼吸,从而产生很强烈的感觉,这样有助于摒除一切杂念并能达至高度专注。然后停止快速的呼吸,恢复正常呼吸速率,继而全心留意着身体经久坐而产生的尖锐痛觉。内心种种的不愉快、憎厌感受亦会随着时间增长而加剧,心中随之会产生抗拒、逃避的念头。虽则这是一个极艰苦的历程,但藉着觉知力的增强,我们终可如实观察痛觉而不为所动,不再惯性地强加好、坏、爱、恶的判别,透过对身心的观照而认识到痛只纯然是一种感觉,心中亦不再有抗拒、逃避的念头,身体便能够长时间稳坐不动。

修行既是一个考验,也同时是一个训练,它使我们面对顺境或逆境时有能力降服心中所生起的贪婪或瞋恨,从而提升个人的警觉力。如此,即使在日常活动中,都不会轻易为外境所动摇。譬如:平时吃饭,我们只会受味觉的吸引,挑剔食物的好坏,但经过禅坐的训练后,我们便能够保持对身心的观照,全心留意到进食的整个过程,从"尝只是尝"中如实地了解到身心的作用,不再像过往,只执著于味觉而对食物加以单纯主观爱恶的判别。无论在行、住、坐、卧的每一个环节中,我们均可修习不起执著的观察。

在繁忙的生活中并非常常可以修行,但有了亲身的体验后,我们更能觉察到日常生活中心意不时飘忽不定,亦要防避由此而产生的坏影响。例如,人们在午餐时进行事务会议,一边进食,一边处理工作事务,容易使心神散乱,亦有人沉迷浏览手机,严重影响肠胃健康,所以还是可免则免好了。

4．空

有些人听到"空",误以为是虚无缥缈、什么都没有的意思。其实并非如此,佛教的"空"包含了很多义理!"空"像数目"零"一样,表面看来它好像什么都没有,其实却包罗万象,变化多端。任何数字与零结合起来都可以产生无穷无尽的变化,例如:只要在 100 的后面加上 0 位,就马上增大变成 1 000;零亦可以吞噬一个数目,使它消失得无影无踪,只要把一个数目乘上零,便会消失得只余下零的答案;任何一个非零数字除以零便变为无穷大;零亦可以对其他数目保持中立而不作干预,因为任何数目加上或减去零也不会改变其本身数值。空就好像零一样极富包容性,就像坐标轴上的零,数值非正,亦非负,看似不在,但又无处不在;坐标放在哪里,零就在哪里;自身虽无一个定点,却为其他事物做标记。

空作为佛教用语,具有丰富而深刻的含义,不可能用语言文字固定它的含义,故亦不可能用说话把它彻底阐明。《道德经》有云:"道可道,非常道;名可名,非常名。"①宇宙的本体一旦通过语言文字表达出来,就不是它的本体,而是被词语扭曲了。但为了让大家明白,空的道理还是要讲,请大家不要执著它的对错,用心去观察和体会就好了。这里将空从三个方面来理解:一,事物呈现出变化无常的现象;二,两边相互依存而互动的关系;三,以及分别对立的统一。

----

① 《道德经》是中国二千多年前老子的著作,其中道理有和佛教相吻合的地方,亦广为国人所接受,故以此引据。

第一,从无常来理解空。当一件事物出现,我们说它是空的,并非硬说它不存在,而是指事物基于因缘所生法而产生,变化无常,不可能固定和恒久。譬如说身体是空,意思就是:身体是在不停地坏灭和生长,样貌和体格在一段时间后必定有所变化,故此不执著一时的样貌和体格作为恒久的价值。纵使由于年纪增加,外貌苍老,多了一些白发、皱纹,我们亦不必为此感到困扰。年老即有长者的尊严,正如我们不会因父母的年老而轻视他们,相反只会更加照顾和尊敬他们。年纪随着自然规律而改变,价值亦随着社会环境而改变,那并非个人主观意愿就可以独立创造出来的,执著身体只会徒然浪费精力。

除了身体之外,人的内心也同样是无常,是空的。例如,在不同阶段,新的思想会出现,而旧的思想会遭放弃;即使同一人,他的内涵无论多好亦会有坏的一刻,无论多坏亦总有好的一刻。所谓智者千虑,必有一失;愚者千虑,必有一得。所以,不要由于人过往的形象而对他的评价固执不变,否则只会产生很多生活上的烦恼。就好像我们在工作会议时,各成员或会抱着不同的观点和态度,可能分歧,甚至对立,但总能为会议带来不同的角度和理解。经过交流讨论后,随着对工作的理解加深了,我们心中先前的决定亦改变,因而归纳得出共识,在这基础上寻求理想的答案。故此不应执著表面的分歧僵持不下,而应多听取别人的观点,深入了解其作用和贡献。

第二,从相互依存的互动关系来理解空。从表面来看,事物往往有两边的对立,可是在对立底下却隐藏着相互依存的互动关系。试以夫妻的例子来说明。表面上,丈夫与妻子是两个不同的人,但从名分来看,两者是缺一不可的。为什么呢?因为未婚的男士不可称为丈夫,直至娶妻后,丈夫之名分才出现,所以无妻子就无丈夫;同理,未婚女士亦不可称为妻子,所以夫妻名分是互相依赖并存的。从夫妻关系来看,夫妻应要互相爱护、互相忍让,婚姻才能维持长久和谐,单方面的爱及忍让是无法令关系持久的。很多人往往都不理解空的互动性,而执著自己的见解,单向对方提出要求、指摘,令关系糟上加糟。如果了解空,我们便不会执著语言的争拗,反而自主地先作出改变,从而带动对方亦有所改善,通过互动作用使双方关系改善,更臻完美。

我们不执著事物为永恒不变,同时更了解到我们对事物的认识也不断在变,故此亦不执著一时的认识是永远正确。肯定与否定并不存在截然分离的界线，而是互相渗透和影响的，好像磁石上的南北两极一样，既是相反，也是相成。**基于因缘所生法，事物呈现出变化无常的表面现象，由好到坏，由爱到憎，看似两边对立，其实是互动依存，没有独立的存在，佛教称之为空。**

第三，从对立的统一来理解空。由于了解到事物既有两边对立却又相互依存的特性，所以我们不从表面现象作出取舍判别，而是深入认识现象背后的因缘条件，明白它们的相同性，然后将之统一。让我们回到夫妻争拗的例子，表面上夫妻两人虽然各执一词，但可能大家同样是为子女的教育和前途着想。譬如孩子应该选修什么科目——文科、理科还是商科呢？要是他们能明白大家的目标都只是帮助子女的成长和发展，就容易找出统一的目标和方法，共同努力，协助孩子寻找出自己的兴趣和潜能，了解现实环境的需要，让他自己作出合适的决定，便可减免无谓的争拗。故此能分析出事件背后的因缘条件，从而认识到其中的统一性，向着主要成因对症下药，我们就不难找出合适的方案，消解双方的对立。所以说，**不执著表面现象的任何一边，深入认识其中的因缘，从而超越两边的对立，这就是与空相应。**

（四）经文架构

《心经》指出只要像观自在菩萨（即观世音菩萨）般透过精深的修行，便可以认识到一切事物的空性，进而可以体证佛法本身的空性，破除一切执著，就连佛法也不执著，最终安住于究竟解脱。对于初发心修行佛法的普罗大众而言，《心经》既提供了佛理的认识，同时亦指引出修行的路向。从这个角度来看，它的主旨就是：透过认识自我、一切事物、佛法的空性来破除执著，做自度度他的修持，最终达到解脱自在。

经文用独特的架构首先指出（下文括号内乃是相关经文）：

我们的肉体与精神（五蕴），
及一切事物（诸法）
的存在、质、量（生灭、垢净、增减）

都呈现相互变化的现象（空相）。

跟着它逐层阐明我们执著的是什么：

我们执著自己的身体（色）

和心（受、想、行、识），

乃至感觉器官（眼、耳、鼻、舌、身、意），

执著与外间对象（色、声、香、味、触、法）

的感觉与所生成的经验（眼界……意识界），

乃至引起一连串的心理反应而衍生的烦恼（无明……

老死）。

虽然佛陀宣说种种佛法教导我们不执著，可是我们却

要执著这个"不执著"的佛法。我们执著于生、老、病、

死的解脱（无明尽……老死尽），

及超脱烦恼的修行方法（苦、集、灭、道），

和修行之后达到的境界（智、得）。

可见我们于任何对象，包括：自我、事物、佛法、得着

（所得），

都总是有所执著。

一切的执著总离不开"我"（五蕴）和我所认识及拥有

的一切事物（诸法）。《心经》先以色空关系的三个层面来破除对五蕴(我)的执著，又以生灭、垢净、增减三个层面来破除对诸法的执著，再以"无"的三个层面来破除对学习佛法的执著。这一切一切的执著都是苦恼的成因,而《心经》是帮助我们明白空的义理,逐层破除这些执著,直至对一切事物(自我、佛法及其得着)不再有任何执著,使烦恼能够彻底止息。

（五）解释经文

经文：“观自在菩萨，行深般若波罗蜜多时，照见五蕴皆空，度一切苦厄。”

语译：“观自在菩萨，修行达极高智慧到彼岸境界之时，如实知道身心是变化无常，帮助众生一起，超脱所有苦恼和困厄。”

1. 五　　蕴

现在开始解释经文，首先介绍菩萨及五蕴。菩萨是“菩提萨埵”的简称，“菩提”是觉悟，“萨埵”是有情众生，菩萨意译为“觉有情”，也可泛指那些诚心修持佛法，同时亦全心全意普度众生的修行者，无论是出家人或在家居士都可通称菩萨。观自在菩萨就是指那些修持极高的菩萨，例如以慈悲著称、闻声救苦、普度众生的观世音菩萨。**五蕴是组成我们身心的五种要素——色、受、想、行、识，代表整个自我。**“色”，占有空间的意思，即可见的物质，代表身体。“受”、“想”、“行”、“识”代表精神的四种不同功能，佛教统称为“名”，即不可见的心理活动。蕴是积集之意，由于此五者互相蕴含、相互影响，故称为五蕴。

表列如下:

色——广义是指占有空间的物质,在书中代表身体。

受——即感受,大概分为苦受、乐受、不苦不乐受(舍
受)三类。

想——知觉,对外界信息的取象、记忆、思维及想像。

行——有目的性的意愿,即意志。

识——了别认识,除了通过感官认识外在对象,亦能
从内心认识受、想、行三蕴的活动。

这段经文是说,当普度众生的修行者达到智慧解脱的
境界时,能如实地观察到身与心均是变化无常的。他不执
著身与心为自我,即不以肉体的美好或内心的感想,作为
永恒的价值,故能彻底地摆脱身心的束缚。所以对他来
说,根本不会有苦恼和困厄的存在。由于透彻认识到所有
生命均是如此,故他亦帮助其他众生明白这事实真相,一
起超脱苦恼和困厄。这空的智慧恰好体现了菩萨的"无缘
大慈、同体大悲"——对无关系的众生亦慷慨施予仁爱,令
其得到快乐;对遭苦难的众生感同身受,盼其苦难早日
拔除。

仁者樂山

乙亥冬李苦禪

经文:"舍利子!色不异空,空不异色,色即是空,空即是色;受想行识,亦复如是。"

语译:"舍利子!身体离不开'空'(变化无常的现象),'空'也离不开身体,(认识)身体即是(认识)'空',(认识)'空'即是(认识)身体;心,也是这样的。"

2. 色 即 是 空

舍利子①在佛陀十大弟子中被誉为智慧第一。《心经》每提到舍利子时,就是要特别强调跟着所宣讲的句子的重要性。这里指出身心(五蕴)与空不可分割的关系,所以特别重要。

前面提过,别把空误解为什么都没有,它其实是隐藏于宇宙,人生中一切事物的特性:事物呈现出变化无常的现象、两边相互依存且互动的关系、分别对立的统一。空可以通过细心的省察来体证,就像物质的性质,例如:重量、体积等等,可以通过观测量度得知。经文将空比喻为

―――――――――

① 舍利子又译作舍利弗。这里易将舍利子误为坚固子——即高僧火化后的舍利。根据原典,此处实应解作弟子名称。

宇宙的一种特性,存在于一切物质(色)之中,就好像重量是物质的性质而两者有着不可分割的关系。譬如某人体重为七十公斤,其自身与重量是不可分割成为独立的两边,有身体则必然有重量——二而为一;但重量也须有所凭藉才能显现,那七十公斤亦要透过这个人的身体方能呈现出来。

以上的解释只能让大家初步了解一下"空"的特性,当然并不代表空的全豹。读者如要深入了解空,像观世音菩萨般深刻地观照,那就必须通过闻、思、修,持之以恒地更深入了解佛法。

"色不异空,空不异色,色即是空,空即是色"这四句,我相信是家喻户晓、很多人也曾听过的佛偈,亦曾经有许多很好和深刻的诠释,大家在将来深入研究时可以另行多加参考。为了使初学者易于明白,这里不从理论出发,而只从实践的角度和生活的体验来探讨。

《心经》这四句的首两句指出"色"、"空"两者的"不异",接着的两句再指出两者的"即是"。"不异"与"即是"就是从不同的层次展示宇宙万有,乃至人生、伦理关系中的相互依存性,以下试从三层含意来加以阐释。

第一,"色不异空"是说,一切物质(色)都离不开变化无常的现象。例如:身体会呈现强壮与衰弱、疾病与健康等等无常的变化(空)。执著身体一时的状况为恒久而忽略它的变化,会为我们带来烦恼,所以我们要修行,即是"自度"以增长智慧,认识空性舍离对色身的执著。所以,**"色不异空"的生活智慧就是"自度"**。

第二,"空不异色"是说,"空"——变化无常的现象——必须有所凭藉而呈现,故此不可离开物质本身(色)。就好像重量不能离开物质而呈现出来一样,如果人们只执著对自身的观察,即只重视自己的修行(自度),那么观察仍有所局限,理解不会全面,就如宋人苏轼的诗所说:

"横看成岭侧成峰,
远近高低各不同。
不识庐山真面目,
只缘身在此山中。"

由于忽略了对环境的认识,所得的知识必然遭到限制,假如无视这点,修行者可能变得孤芳自赏,甚至夜郎自大。因此,大乘佛教强调不但要自度,还要度他才功德圆满。这也是人间净土的理念,通过自己的改变来改变外在环境,一起建设共容和谐的社会。《心经》与此一脉相承,通过对色空关系的认识,增加我们的修为,显发慈悲和智慧。要是人没有足够的修为把心安下来,无论他多么了不起也不管用。可是,即使自己的心安了,身边的环境依然没有改变,充满痛苦和仇恨,这样心也只是苟安而不是久安。故此,除了智慧外,慈悲也还是必须的。

我们必须透过其他人的变化深化对空性的认识,才能更全面了解空的特质。我们更要明白修行的同时亦要帮助他人认识空,通过他们智慧的提升(变化),既能令自己更深刻地体证空,亦帮助他人得到解脱,即是"度他"以长养慈悲。如此,方可从他人、环境(色)中了解一切变化无常(空)中的实况,从而舍离所有执著。所以,**"空不异色"的生活智慧是"度他"**。

表面看来,"色"与"空"好像有所分别,或者自度与度他是有自、他的对立。**但佛教的精神不是这样的,它既要我们认识分别和对立,同时更要明白相同与统一。**这正是我们接着要讲解的。有一首偈颂很能将其中的生活智慧画龙点睛出来,谓之:

　　"观色即空成大智，

　　观空即色成大悲。"

　　第三，"色即是空，空即是色"就是告诉我们不要执著色、空两边的分别。因为当我们明白这两者的依存关系，便可将之统一而超越两边的对立。例如：物质本身与所呈现的变化现象都同是依因缘和合而生、因缘散尽而灭，故此色与空不应被分别为独立的两边，它们其实是相互作用、相互依存的。**我们可以通过了解两边背后因缘的相同性，把它们统一起来，从而彻底舍离对两边的执著，深入认识事物的本质**。就如我们对身体的认识也是通过疾病和健康的对立变化而加深的。俗语有云：久病成医。事实上，在健康无恙的时候，我们很少去想身体的问题，只因患病而渴望健康时，又或者健康却害怕患病时，我们才对身体特别关心，从而加深了认识。

　　再举一个生活例子：以我个人的科学研究经验为例，在早阶段进行研究的时候，努力去增进化学本科知识，这就好比自度；当在教学阶段时，则致力去教导他人知识，这就好比度他。但这两者是截然不同的吗？不是的！在前一阶段自度的时候，显然自己的知识仍有不足的地方；在后一阶段度他的时候,固然需要前一阶段的知识为基础,但在指导他人研究的过程中,它会巩固和扩阔前一阶段的知识,促使本人对科学有一个崭新而又更透彻的理解。

自度和度他其实是修行的一体两面,是一个教学相长的过程。两者互相推动,互相促进,令我们更深刻地体证空。我们的修为只是体现在人际关系之中,就像中国人所讲的品德——"仁"这一字是由"二人"组成的。所谓品德也就只能反映在自、他关系这面大圆镜中。

自、他不是截然分别为两边的。就好像布施这么一件简单的善行,也必须要有施与受双方的依存才能成立。倘若没有布施的善长,固然无法成就一件善事,但纵有善长仁翁而无接受者,善事也是无从成就的。在整个事件中,一方面布施的善长固然应受到尊敬,但另一方面接受者也该获得尊重,因为只有施受双方均从善举中获得愉悦,方可称作圆满。

色即是空,空即是色,就是指出智慧和慈悲、自度和度他并非对立,而是统一的。当我们明白到,除了智慧外,慈悲也还是必须的,这本身就是智慧。反过来说,要是只有慈悲而没有智慧的话，就可能好心做坏事，产生不出应有的效果。可以说，慈悲也就是智慧的运用，该做的事多帮忙，不该做的就不帮忙。最好的是能帮助别人修行，即所谓法布施。因此，不应把智慧和慈悲分割开来。

讨论完身体部分，现在再谈精神部分。经文"受想行识，亦复如是"就是说：我们的心——受、想、行、识——所呈现的种种对立亦是相互依存，不断变化的。心的变化更加复杂和微妙。就好像我们爱恋一位异性对象，这种喜爱其实是会变化的，可能日久生情，也可能日久生厌，但决非一成不变的。年轻人往往太执著一时的感情，以为双方的爱恒常不变，既没有认清楚自己，也没有认清楚对方，更不会考虑经历改变之后大家仍否合得来，殊不知，世间的情侣会因缘分而结合，因了解而分开。要是人们不执著于爱的恒常不变，而去加深对自己和对方的认识，大家的感情便能建立在巩固的基础上，亦能更好地处理双方的关系，那么，纵使在爱情失意时也不会过度失落，更不会作出伤害自己或伤害他人的傻事。

度他的修行不单是物质的施与，更讲求心灵的充实。现代社会发展过于急速，很多人适应不来，做成心态的不平衡。如果可以在心灵方面多加关注，诚意帮助他人调整价值观，以取得心态平衡，那么社会必定会更融和，个人生活亦必有所改善。所以，慈悲的目标是大家确立更完善的价值观，一起维护平衡的心态。

回到经文，心与空的关系亦跟色与空的关系一样，但为了减省字句，所以不再重复"受不异空，空不异受，受即是空，空即是受……"等等，而是以"亦复如是"来代替。

透彻了解人的身体和心的空性，我们便不会执著"我"为一个固定的实体，佛教亦谓之为**"人无我"**。无我，并非否定我的存在，而是指出不存在着固定不变的我，即身心——五蕴——必具空性。这样，我们便能明白经文开首所说："观自在菩萨，行深般若波罗蜜多时，照见五蕴皆空，度一切苦厄。"要是不明白身心的空性，违反它们的特质，人便会成为自己的最大敌人。要是能明白空性，依从身心的特质来管理好它们，我们定然能度一切苦厄，不但可增加人生成功的机会，而且能确保真正的幸福和快乐。

经文："舍利子！是诸法空相，不生不灭、不垢不净、不增不减。"

语译："舍利子！世间一切事物与规律都呈现两边相互变化的表面现象，不须执著生灭、垢净、增减的任何一边。"

3．诸　　　法

经文再次提到舍利子，是为了强调"诸法空相"的重要性。**在证悟者境界里的事物是不生不灭、不垢不净、不增不减的（即不落表面现象的任何一边）。**可是，这些高深境界是不可能用语言文字来解释清楚的，本书只能从实践的角度来和大家分享一些个人理解。

世间上，人们所认识的一切事物均呈现两边对立，相互依存而变化。一切对立的现象都可以归纳为存在、质、量三个层面。所以，人们对任何事的看法永远有相对的两边，如：高矮、大小、美丑、好坏等等。**经文的意思是从生灭（存在）、垢净（质）、增减（量）三个层面来分析一切事物，不执著任何一边的表面现象，而取中道①。**它所提供的生活智慧

①　中道是佛教一个重要教理。在修行上，它指不偏执苦行或欲乐的两边；在义理上，这里指不偏执正、反两边而能合一。

就是，面对一切变化的现象时我们心中仍能如如不动，恰
如《肇论》①所说：

> "旋风偃岳而常静，
>
> 江河竞注而不流，
>
> 野马飘鼓而不动，
>
> 日月历天而不周。"

先谈存在的"生灭"。我们知道任何事物都是因缘和
合而生，因缘散尽而灭，而科学上所说的"物质不灭定律"，
也表明散尽的因缘会组成新的和合。如果旧事物不灭，根
本就谈不上新事物的生。有灭才有生，所以我们不应执著
这无常的生与灭。就像人生中的事业，它必然有着反复起
跌，事业不可能永远不变，旧的关系会消失，新的机遇亦会
出现。但是在事业的生灭过程中，我们所学到的知识和精
神的磨练，不断地支持自己迈向人生的康庄大道。故此不
必执著一时得失，只需以平常心看待成败得失，努力发挥
自己的才能去承担应尽的责任。

至于"质"的"垢净"，其实并无绝对的标准，只是因为

---

① 《肇论》为姚秦时长安人僧肇所著，被誉为"秦人解空第一"。
论中有：《物不迁论》、《不真空论》、《般若无知论》、《涅槃无名论》。

世人主观的执著,才有表面的分别对立。就像苦口良药,一碗黑墨墨的中药,看来混浊而又充满沉淀,给人一种像污垢的厌恶感觉,但喝下去却能发挥疗效,使身体康复。我们须舍离事物表面的两边分别,像垢与净,深入了解其中因缘,方能令事物发挥它的真实作用。

最后,有关量的"增减",也不该作为衡量事物本质的标准。例如做善事,虽然所捐的善款在数量上有多少的分别(或相对于上次捐款而言有增减的分别),而且确实产生出不同的客观效果,可是我们不单从表面作出判别,不执著于数目的多少,而更深入了解行善的道德意义。事实上,善长仁翁发慈悲心,捐出能力所及的财物去帮助别人,不论数目多少也是一件极有意义的事。多少只不过是表面现象两边的分别,我们必须超越这两边而深入去了解善行背后的因缘:慈悲心是主因,能力是众多助缘之一,因缘和合促成一个善举,才是意义之所在。

《心经》从事物的三个属性教导我们,凡事不要偏执一边,因为事物两边的截然对立只是表面分别,而不是真实的作用。故须超越两边的对立去观察其背后的因缘条件,这样,我们的理解会更深刻,所作的决定也会较为中肯,所衍生的烦恼亦会减少。所以,对任何事物都要从"空相"去深入了解其中的因缘,不执著表面现象的任何一边而取中道。

　　"诸法空相",佛教亦谓之**"法无我"**。法是因应不同的人与环境而产生不同的结果,不会固定不变,因此我们对所有方法都不应执著。

经文:"是故空中无色,无受、想、行、识。无眼、耳、鼻、舌、身、意,无色、声、香、味、触、法,无眼界,乃至无意识界。"

语译:"所以在两边相互变化无常中没有独立存在的身,没有独存的心。没有独存的感觉器官,没有独存的感官对象,没有独存的知识概念。"

4. 无

到这里,经文已介绍"人无我"及"法无我"的重要思想,指出了我们的身心(五蕴)及一切事物(诸法)所呈现的对立现象,都依于因缘而相互转化(空相)。在这个基础上,《心经》再进一步扩展"法无我"的思想,以明白各种教法——五蕴、六根、十二处、十八界、十二因缘、四圣谛、般若、涅槃——的空性。从次序上的安排,它使我们更有层次地了解所有的执著。我们执著身心为"我",执著我们的感觉器官与外界接触后产生的认识和概念及至一切所得。由这里开始,《心经》引用一连串的"无"字来逐层破除我们的执著。往后的说明会引用经文的"无",从三个层次来讨论整个认识佛法和修行的过程:

第一,没有认识者(修行者)可以执著。

第二,没有认识对象(佛法)可以执著。

第三,没有认识成果(般若智、涅槃果)可以执著。

为了避免误会,我们需对"无"这一个字加以解释。前文已提过,对于已出现的事物,不能硬说它不存在,若"无"是有无的无——"没有"的意思,则是执著无的一边而排斥有的另一边。**故此,《心经》的"无"是指没有单独一边的存在,表面对立的两边必须依于相互作用而并存。**像科学上的"不确定性原理"①一样:当观测一个微观的对象微粒子(例如电子)时,所使用的任何方法和工具都会对它产生干扰作用,致使有关对象的资料不可能绝对确定,因而所得的知识也是依赖于观测者及其条件(助缘),并非完全客观独立的。

"无"的生活智慧在于明白没有独存的一边,但并不代表要放弃自己的立场,只不过是在应付问题时我们更能自觉地抱着开放的态度,从更深、更广的层面着眼。由于不钻牛角尖,立场反而更加坚定。

"是故空中无色,无受想行识"是说,基于前两段对舍

---

① 即 Principle of Uncertainty,又译为测不准定理。

利子提示的重要经文,透过"五蕴"与"诸法"(即"人无我"及"法无我"),我们全面认识到一切事物都是空,就不会再将身心认为是一个独存的、不变的自我了。从修行的角度来看,即不执著有"我"这个修行者在修习佛法。

5．六根、十二处、十八界

接着,经文破除我们对经验,包括感官、对象、知识的种种执著。我们是透过六个感觉器官与外界接触的,它们是:

眼睛、耳朵、鼻子、舌头、身体、意念。

佛教统称为**"六根"**。它们的外界对象:

相对于眼是色,

相对于耳是声,

相对于鼻是香,

相对于舌是味,

相对于身是触,

相对于意是法①。

---

① 法这一字作为佛教用语有多重意思,原意是轨持,即规律,广义上是指一切现象,狭义指义理(佛法)及概念(作为抽象的认知对象,法尘)。

佛教统称这六种对象——

色、声、香、味、触、法——

为"**六尘**",或"**六境**"。

"六根"与外界"六境"接触而产生了别认识的功能,分别为:

眼识、耳识、鼻识、舌识、身识、意识。

佛教统称之为"**六识**"。

"六根"加"六尘"合称为"**十二处**",也就是我们的经验来源。即:

眼处、耳处、鼻处、舌处、身处、意处、

色处、声处、香处、味处、触处、法处。

这"十二处"与其所产生的"六识"合称为"**十八界**"。即:

眼界、耳界、鼻界、舌界、身界、意界、

色界、声界、香界、味界、触界、法界、

眼识界、耳识界、鼻识界、舌识界、身识界、意识界。

十八界示意表

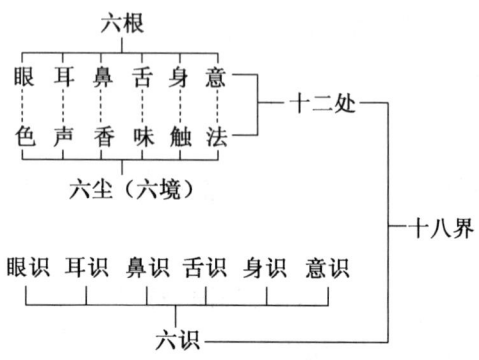

人们对事物的经验,都是从感觉衍生出来,而感觉则由以上十八种元素(界即元素之意)所组合,是建基于根、尘、识和合而构成的,三者缺一不可。假如只有眼根而无视觉的对象——尘(即如黑暗中),就不能产生眼识;只有视觉的对象而无眼根(即如盲者),亦不能产生眼识。但即使是眼根与色尘俱全,而缺少了眼识的主观识别作用(如心不在焉),人们则只会视而不见,听而不闻,食而不知其味,虽有根、尘亦不能产生相应的感觉和认知。

再举例子以综合说明,人们在饭店进餐的时候,看到饭店雅洁的摆设和食物的精致外观,那就是眼界、色界、眼识界所组成的知识;听到饭店播出悠扬的音乐,那就是耳界、声界、耳识界所组成的知识;嗅到食物发出的香味,那就是鼻界、香界、鼻识界所组成的知识；舌头尝到美味的食物，那就是舌界、味界、舌识界所组成的知识；身体接触到舒适的椅子和漂亮的餐具，那就是身界、触界、身识界所组成的知识；另外一些较抽象的接触——如服务、气氛等，那就是意界、法界、意识界所组成的知识。通过在饭店进餐的经验和六种"识"的了别作用的参与，人们构成了有关进餐的总体知识概念，将它作为判别下次经验的标准，对合意的贪恋，不合意的憎厌，形成了"执著"。

因于不同的人有着不同的经验和意识，故此，纵使对着相同的事物，也不一定有相同的见解，像前述"不确定性原理"所显示，知识概念的产生本身就有着必然的主观成分。不独是微观的科学，即使在现实生活中也是如此。譬如：科学家与画家对光就很可能有迥然不同的理解和反应，科学家会去探索光学性质与视觉的关系，而画家则以色彩光影来表达情感。这是由于训练的差异而在意识上产生不同的惯性。即便是同一个人也会由于意识的变化而产生认识的差异，例如：同是一句赞美的说话，在心境开朗时听起来是衷心欣赏，但在心情烦躁时或以为是奚落讽刺，这是由于意识影响了耳识的缘故，同一个人在不同的情境中会从相同的声音得出相反的结果。

通过"十二处"、"十八界"的阐释,我们了解到知识的生成条件,便不会贸然以自己的知识为绝对客观而自负,反而自觉地确认其中的主观成分。如此,在处理问题的过程中,我们当更能体谅对方的意见和立场,亦较易于存异求同,达至圆满的双赢方案。

回到经文,我们在前面的部分已了解到五蕴及诸法所呈现的都是空相。既然六根与六识是属于"五蕴",而六尘是属于"诸法",我们在这里亦应了解到,任何知识概念中的元素,也即十八界中的每一界,都是空的——均是相互依存而变化,不会独自存在。故此,无"十八界",即我们不执著任何知识概念。

此段经文中的无,在第一层次上是指出,认识者(修行者)不论是他的身心(五蕴)或是知识概念(十八界),都不是独存不变的,所以不可执著"我"和"我所"拥有的知识。经文中"无眼界,乃至无意识界"的"乃至"二字其实是包括了眼界和意识界之间的其他十六界而不再重复了。

经文:"无无明,亦无无明尽,乃至无老死,亦无老死尽。"

语译:"没有独存的十二因缘流转,也没有独存的十二因缘还灭。"

6.十 二 因 缘

从十八界的变化,我们了解到认识者(修行者)和知识概念,两者有不可分割的一体关系。这里《心经》再进一步透过"无"十二因缘的流转与还灭指出不要执著我所认识的佛法。先谈谈十二因缘,它以因缘法来阐释人生的发展历程,分成十二个阶段,以序列表示:

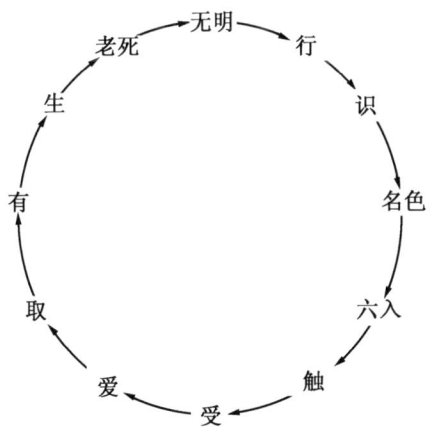

"无明"就是我们经常在欠缺醒觉的情况下,去做一件事、说一句话、或起一个意念,即是任何一个身、口、意的造作,我们便种了一个因,或者依佛教说,是作了一个"业"。这些业的因子会潜藏在我们心中,由于每个人在他前世今生中做了很多事,所以蕴藏着很多业的因子。每一个善业或恶业,加上适当的助缘,就会产生一个乐果或苦果。在我们一生中所发生的好事或坏事,都是由这些积聚的业所引发出来的成果。当然亦有许多业,在今生仍未遇到适当的助缘而无机会引发,要留待来生。

当人死后,因为过往的**"无明"**,致使生前仍有许多放不下的执著,加上过往仍未消失的业,脱离坏死的肉身,形成了**"行"**(亦称之为神识或中阴身)。因为这些业的不同善恶比重,和临终一刻刹那的执著,故此有特别的倾向和趋势,形成了**"识"**,去寻找相应的归宿。假如有缘遇到某对男女交合,受孕生成胚胎,这神识便会投入胚胎造成它的精神部分,即所谓"名"。父精母血造成胚胎的肉体部分,即所谓"色"。所以**"名色"**即代表一个有肉体与精神的生命体。

当婴儿出世离开母体后,逐渐成长,透过眼、耳、鼻、舌、身、意这**"六入"**处(即六根)接**"触"**到外境,从而产生感**"受"**,随着事物的好坏而产生**"爱"**或恨。爱一件事物便很希望得到,起了**"取"**的贪念,并且想去占**"有"**它。对恨的事物,则产生排斥心,想去逃避它。由于贪婪和憎恨的驱使,人们在占有和逃避这两端疲于奔命,因而**"生"**起许多烦恼和痛苦。譬如:得不到所渴望的是痛苦,得到了又恐怕失去亦是痛苦;排斥不到憎恨的是痛苦,即使目前排斥到,但害怕将来再见时带着更大的憎恨,也还是痛苦。这些痛苦会跟随他们一生一世,伴着他们成长,直至**"老死"**。

新造的业在死后就像以前一样,与"无明"的执著重新组合"行",再次投胎循环人生历程。结果是流转不息,佛教称之为轮回。

7. 六 道 轮 回

这里介绍一下"轮回"的概念。当人死后,视乎所作的业的主要倾向识别,分别投胎到六个不同的境地("六道")。如果是善的倾向为主便可投入"三善道"——天、

人、阿修罗①；恶的倾向为主便会投入"三恶道"——畜生、饿鬼、地狱。每一道的报应会有一定的期限，不是永远的。这期限可长可短，但总有完结的一刻，然后，根据新造的和剩余未报的业，组成新的善恶倾向再次进入轮回，投向其他境地而无有止息。

从这个角度来透视人生，便马上明白到现在的生活是由过往的"业"所决定，我们就不会对现世里的种种不如意而愤愤不平，感到挫败颓丧。相反，由于明白到现在的作为会影响到将来的生活，我们便会努力去充实自己，积极地改良环境，慈悲爱护一切生命，以期将来得到相应的美好果报。换言之，六道轮回的概念，使我们以这样的一种态度去面对人生：**对过往是警惕，对现在是努力，对将来是承担**。这样有助于提高我们应付逆境的能力及决心。

其实，六道除了代表人死后不同的投生境地之外，也是现实人世间的反映，更可以作为个人内心活动的写照。出生于富裕及快乐的家庭，一世生活无忧，可比喻生于天

---

① 阿修罗道是有天道的福分，但无天道的品格，憎恨心重而好勇斗狠，不思修行。

道；一般有喜怒哀乐的普通人是生于人道；虽然家财丰厚但还不知足，好斗争，心绪不安，可比喻阿修罗道；愚蠢或遭劳役者，可比喻畜生道；经常被强烈的欲望所控制而永不知足者，可比作饿鬼道；饱受生活折磨或战乱蹂躏的人，可比喻生于地狱道。就个人而言，每一时一念都有六道的缩影：开心快乐时是天道；喜怒哀乐交替出现是人道；愤怒时是阿修罗道；终日营营役役而无人生目标时是畜生道；贪得无厌时是饿鬼道；痛苦交煎时是地狱道。

一个人因为好学、勤奋，又能把握机会，得到贵人帮助，可能变得富裕，生活快乐无忧。这个人的转变就好像是从"人道"轮回到"天道"一样。可见，六道轮回是经常变幻交替的。

8. 再释"十二因缘"：流转与还灭

既然个人的日常生活及其转变就是六道及轮回的缩影，十二因缘①亦可帮助我们了解每天所经历许多心念变

---

① 十二因缘的"生"传统上指生命诞生以解释业感轮回，这里则按生活应用解作烦恼的生起。

化的情况。以下再从另一个角度来理解十二因缘。

"**无明**"就是指一个人欠缺醒悟觉察的能力。他在不了解成因和结果的情况下,产生了"**行**"为意欲,开始有意"**识**"地运用他的身心("**名色**"),并使用他的感觉器官("**六入**")去探索外在的环境,就在根境接"**触**"的时候生了感"**受**",由感受而生起"**爱**"或憎的情绪,依于这些情绪而对外境有所执"**取**"偏见,并将这个外境对象定性下来,主观地以为固定实"**有**",而随之"**生**"起很多念头,计较名利得失,想像善恶好坏,直至心念淡化消失("**老死**")。但这些业力仍然未消失,倘若它遇到顺境则再生贪婪,在逆境之时则再生瞋恨,患得患失则再生愚痴。人的心念就此不由自主地流转于老死——再生的循环之中。

试举一个生活例子以说明。譬如有位妻子在不明底蕴(**无明**)的情况下忽然怀疑丈夫不忠。为了(**行**)证明这个想法,她经常盘算着(**识**)怎样去做,于是亲身(**名色**)去跟踪他。卒之,某天在街上瞥见(**六入**)一个貌似其夫的男子与女子同行。就在接触(**触**)到这情境的一刻,她妒火中烧(**受**),产生了憎恨(**爱**的反面),以为(**取**)婚姻已触礁了,自己将要受到伤害,认定了**(有)**丈夫的不对,霎时产生**(生)**要向他问罪的念头,于是立即跑上前去抓着这男子。跟着可能发生以下三种情况不等:

一、她的丈夫根本没有与这女子发生不正当的关系。原来以前的种种臆想都是徒费精力,她放下憎恨**(老死)**。业力在顺境中使她增加了对丈夫的贪恋爱慕。这个感受的转变,就好像是从地狱道轮回到天道一样。

二、她真的发现了丈夫的不忠,于是大吵大闹,直至心力交瘁**(老死)**。业力在逆境中使她生起了瞋恨。这就好像是坠到更深一层的地狱道一样。

三、这男子根本不是她丈夫。虽然责问丈夫的念头马上消失**(老死)**,可是她却再度坠入迷茫,对丈夫依然狐疑猜忌。业力在混沌中令她愚痴地继续进行测度。这就好像是轮回到畜生道一样。

那么,如何有效运用心智,使它不再营营役役,飘浮于生死轮回之流呢?因缘所生法的开示,就是告诉我们可通过修行以超脱轮回。修行方法就是对身、受、心、

法的观察①，藉此培育心智，使能观察在十二因缘的连环锁链中每一个心念活动。不独在禅修的特定训练里，即便在日常生活中，我们仍须对身心保持念念分明的觉察。像刚才谈到的那位妻子，她对无故生起的念头，或者触境而生的情绪，均须保持高度觉察。如此她才能避免杂念和情绪的干扰，专注认清实况，作出明智的决定。

修行就是通过觉察能使生起的不正确念头得以止息继而得以断除。以如实知来照破无明(无明尽)，无明尽则行尽，行尽则识尽……一直至老死尽。修行就是要留心于"触"的观照，心中不执著感"受"，不排斥不愉快的感受或贪恋宁静的感受，便不会被困于"爱"、"取"、"有"……十二因缘锁链，能在"受"、"爱"两个环节中断开，心念从连环锁链中解脱，不再飘浮于生死轮回之流。以序列表示：

无明尽…行尽…识尽…名色尽…六入尽…触尽…受尽…爱尽…取尽…有尽…生尽…老死尽

---

① 佛教修行方法有多种，但由于本书着眼于以生活的例子解释，所以只略为介绍四念住——对身、受、心、法的观察。

经文中"无无明,亦无无明尽,乃至无老死,亦无老死尽"四句包括了两组不同的环节。凡句中首个"**无**"字即代表没有独立自存,不可执著。故此,第一与第三句,即"**无无明**"和"乃至**无**老死",指出不执著十二因缘的流转(无明……老死);第二与第四句,即"**无无明尽**"和"亦**无**老死尽",则指出不执著十二因缘的还灭(无明尽……老死尽)。"乃至"二字即代表其中之间的其他十个因缘环节而不再明示。

十二因缘,既能流转也会还灭,这告诉我们要修行不执著的如实知。现在《心经》再告诉我们,对这个修行也不能执著。为什么呢? 因为修行是一个动态的过程,修行者与佛法依于空而呈现出互相依存、不断变化,既无一个固定的"无明"可断,也无一个不变的"无明尽"可得。要是修行者的心里执实了"无明尽"的概念,他的觉知力反而会因这挂碍而降低,形成了更大的"无明"。在修行过程中,修行者往往会感到既有进步,同时亦会感到不足。就在这两边的矛盾挣扎中,他的心意得到训练,觉知力得以提升。这里,《心经》再次指导我们修行要取中道,不执著于十二因缘的流转与还灭两边相对的概念。

经文:"无苦集灭道。"

语译:"没有独立自存的四圣谛。"

9. 四 圣 谛

刚讨论过,十二因缘说明心念变化如何流转不息;同时亦说明流转可以还灭,以超脱生死轮回之苦。这流转与还灭同样反映了无常,显示了佛教的积极乐观。如果世事是常的话,苦永远是苦,不可改变。正因为无常,所以人生就充满希望,人就更能自发地将不好的变为好,将好的努力变得更好。经过修行,个人可以提高自己的修为及智慧,便能面对及解决人生的种种问题。

很多人听见"苦",就误会佛教是消极悲观的。其实,佛教说苦有正负两面的作用。一方面,负面的作用使我们明白人生的实相,不定立不切实际、过于乐观的目标,不流于享乐主义。另一方面,正面的作用使我们在人生历程里随时准备会遇到问题,通过面对挑战而得以超越。

人们以为追求肉体感官享受就是乐,殊不知这种物质快乐是有条件性的。例如享受美食只能在饥饿之时,在已饱的情况下进食就是一件苦事,可见进食的快乐是源于对饥饿的克服,而非单纯味觉的感受。所以,积极的快乐实是源于内心。我们自主地以内心的力量面对挑战,寻求超越,使人生更为丰盛。

佛陀第一次说法,就是宣说"**四圣谛**"——"苦、集、灭、道":

"**苦**"——先要确认问题所在,例如生、老、病、死。

"**集**"——找出问题的根源,例如"十二因缘"的流转。

"**灭**"——确立解脱的目标,例如"十二因缘"的还灭。

"**道**"——制定解脱方案并执行,例如"八正道"①。

"四圣谛"是一个放诸四海而皆准的解决问题方法,以下举实例说明。我有一位朋友因为儿子与媳妇婚后建立了新家庭,令作为母亲的她感到被疏远而不快乐,并对他有所怨言,这却令儿子更加抗拒,导致双方关系更形恶劣。

---

① 八正道是修行的整个内容,包括:正见、正思、正语、正业、正命、正精进、正念、正定。

原本心目中的孝顺儿顿变成了忤逆子,令她苦恼不堪。通过与她了解情况后,知道问题所在是她对儿子情感上的执著,认为儿子是"我所有"的,因而产生出许多的烦恼和困扰**(苦)**;我让她明白到问题的根源,是因为她未能体会到儿子作为一个年轻人——他需要独立成长、建设新家庭**(集)**;倘她能明白作为长辈,是应该放下自己的执著,尽自己的责任让下一代成长、独立;那么必可和儿媳建立良好和谐的关系**(灭)**,以智慧来解决生活问题;她听后心开意解,不独不再对儿子唠唠叨叨,反而切身处地以过来人的经验去教导他建立新家庭,鼓励他照顾伴侣的需要**(道)**。儿子和媳妇得到谅解和开导后,对母亲变为尊敬,双方的关系得到改善,变得融洽和睦。假如这个母亲只是自怨自艾,不懂得四圣谛的第一步——面对问题**(苦)**,也不懂得行第二步——找出问题的成因**(集)**,她就只会永远痛苦下去。

再用一个宏观的现代管理例子,来阐明"四圣谛"的妙用。大学里,我们会对各部门的工作作出定期性的检讨,以确保运作的效率和水平。曾经发觉有这样一个案例:某行政部门的效率不够水平,服务态度亦有不协调之处。就着这个情况,在确定问题所在后**(苦)**;我们便着手找出问题的成因及其根源,经过系统分析,发觉部门内部的架构太过繁复,有着互相重复的情况,令文件交往费时失事,员工在意识中逐渐形成了一套控制文化(**集**);针对这些成因,我们制订发展目标;提高服务效率,改变办公室文化(**灭**);跟着设计了解决方案并按之执行:首先将内部架构和文件批核手续精简化,然后尽量利用电脑、电子邮件等以提高文书的工作效率(**道**)。在落实执行这些方案的时候,自然也遇上一些困难,例如在过渡期间需要新旧系统同时运作,兼顾两套系统不独令开支上升,工作效率却反而下降。然而调整期过后,新系统开始正常独立运作,部门的服务效率提升至理想水平,员工的意识更从控制文化改变成为支持文化,服务态度亦变得协调、主动。

从以上两个例子可以明白到,只要遵从"四圣谛"所指示的步骤,按部就班地去解决问题,我们的生活智慧必可提升,烦恼亦随之减少。显而易见,"四圣谛"是一组有机而动态的过程,它既依于问题的复杂性,同时又依于修行者的智慧而各有不同,因此决不能把它执实为一些固定的概念。

佛法如此,修行亦是如此。修行者会因为依循佛法修行而改变他的行为、心理及生活,这些变化亦会反过来影响修行者对佛法的体证和理解。想深一层,是否有一种既定的概念叫佛法,可以很系统地写出来,按图索骥地跟着它修习以成正道呢?修行又是否好像一个固定预设的课程,只要我们按课程进修、考试,就可以达到某种成就呢?并非如此!

其实,佛法并不是一些既定的概念。依于空,修行者与佛法并不是各自独存不变,而是相关和互动的。佛法是有机的、活生生的,依存于修行者而相互产生变化。个人的修为反映于空的证觉和体验,以及能如何帮助其他人去认识空。当达到某一层次时,修行人了悟到根本无需要与别人的成就或任何标准比较。当菩萨修行到很高境界时,他心中已无任何执著,亦不会衡量得失,一切是来得那么自然,那么自在。就如禅宗①所讲:"心平何劳持戒,行直何用参禅。"要是修行者的行为(身)、语言(口)、思想(意)都能与戒、定、慧契合,那么他心里还会挂碍著"我在持戒"、"我在参禅"这些概念吗?

经文强调不要执著十二因缘、不要执著四圣谛,就是

---

① 禅宗是中国佛教的一个重要流派,其宗旨是:"教外别传,不立文字,直指人心,见性成佛。"

用"无"在第二层次上指出,没有固定一边的认识对象(佛法),也就是说,不要执著佛经文句的字面意思,乃至不执著一切名词概念;要亲自去修行,深化体验,与别人分享真正的宗教经验,而不流于文句解释,不流于教条主义。

经文："无智亦无得。"

语译："没有独立外设的智慧和成果。"

10. 智、得

在前面的经文中，"无"在第一层次上指出，"我"（五蕴）与"我所"拥有的知识概念（十八界），皆是空的。而在第二层次上再指出，在学习佛法及修行的过程中没有一成不变的佛法（十二因缘、四圣谛），修行者和佛法二者是相互依存而变化的。这里的经文则是在第三层次上指出，佛法的修习是没有既定外设的智慧（智）和成果（得）。

既然佛法亦是空，那么修行成果就不是固定外设的东西了，所以菩萨亦不会为了成果而发心修行。对菩萨来说，根本就毋须执著有所谓般若"智"可证，涅槃果可"得"。正如《金刚经》所说："应无所住而生其心。"①我们不应执著既定的欲望而发心修行，反而要不断地在不同层次上，将佛法与人生两边结合统一，加深空的体证。

① 《金刚经》是佛教阐述有关般若的经典，在中国民间亦流传甚广，影响禅宗一派的发展至深，六祖大师就是听闻经中此一句而开悟。

经文："以无所得故。"

语译："因此没有任何独立自存的对象。"

11．无　所　得

经过前面一系列有关"无"的理解，修行者对自我、知识、修行、佛法、智慧、成果等等，一切都不执著。到解脱之时，一切皆"空"，但亦不执著"空"为一个一成不变的概念。即所谓"空空"，连"空"也要空掉，就是对"不执著"也没有半点执著，是很自然自在的证悟。正如惟信禅师所说：

"未参禅时见山是山，见水是水；

参禅后见山不是山，见水不是水；

悟道后却是见山只是山，见水只是水。"

这里的意思是，在未修习佛法前我们对世间表面现象的执著；在修习佛法时，为了否定执著，同时也把世间一起否定，形成对"不执著"的执著；及至豁然开悟，明白世间本然如此，就连"不执著"也不再执著。这恰好是一个正、反、合的历程（可参考第 35 页"不执著、如实知"的例子）。对

世间事不贸然予以轻率的否定,返璞归真时即如《六祖坛经》①谓之:

"佛法在世间,

不离世间觉;

离世觅菩提,

恰如求兔角。"

"以无所得故"这句经文既可以承接上文,作为一切对象(自我、佛法、智慧、成果)都不是独存的结论,同时亦可作为开展下文对发心修行的菩萨开示的理据。

① 《六祖坛经》是中国佛教的一部重要经典,记载六祖大师惠能的传记。

经文:"菩提萨埵,依般若波罗蜜多故,心无罣碍。无罣碍故,无有恐怖,远离颠倒梦想,究竟涅槃。"

语译:"菩萨,由于智慧到彼岸,心中没有牵挂。由于无牵挂,也就不恐惧,扬弃不合符因果的想像,彻底体证解脱自在。"

12. 涅　　槃

"菩提萨埵"是梵文的音译,简称"菩萨",泛指上求佛道、下化众生的修行人。

"涅槃"原意是清凉、欲望的止息,也就是已超脱轮回的大自在、大解脱的境界。

这固然是一个极殊胜的境界,但不必将它作为超乎经验来理解。就像前面列举的一些生活例子(如在 79 页"四圣谛"一节中提到的那一位朋友),一旦能舍离执著、将心安住、如实处理问题,或许在某程度上等同涅槃的体验。当然那不能与高深的修行相提并论,它仍须持续深化,努力直至在生活的每一刻、每一事均任用自如,达到彻底解脱自在。在目前阶段,我们从佛法中得到受用,便能鼓励自己更为精进,舍离执著,迈向解脱。

　　这段经文是说:那些能够自度、度他的修行人,当他们依智慧到彼岸,深切了解到空的真义,便有无限的安宁,心中再无任何牵挂。由于已没有牵挂,也就不会产生恐惧,故亦不需胡思乱想,逃避现实,因为他们已舍离一切烦恼,超脱了生死轮回,达到彻底解脱自在的清净境界。

经文："三世诸佛,依般若波罗蜜多故,得阿耨多罗三藐三菩提。"

语译："在任何时间出现的佛,都能凭藉智慧到彼岸,得无上正等正觉。"

13. 菩　　提

"阿耨多罗三藐三菩提"是梵文的音译,意思是"无上正等正觉"。而三世即:过去、现在及将来,意指任何时间。所以这句经文是说:在任何时间出现的佛,都能体证了到彼岸的智慧,而达到圆满的觉悟。

经文:"故知般若波罗蜜多,是大神咒,是大明咒,是无上咒,是无等等咒,能除一切苦,真实不虚。"

语译:"因此知道智慧到彼岸,是神通广大的真言,是正大光明的真言,是至高无上的真言,是无可等同的真言,能舍离一切苦恼,真实无误没有虚假。"

14．咒

"咒"又称真言、陀罗尼,是秘密语之意,指能总持不可思议效验的语言。

讲解完整个"般若波罗蜜多"的义理之后,《心经》在这里赞叹"般若波罗蜜多"是一个殊胜的法门,可视之为神通广大的真言,正大光明的真言,至高无上的真言,无可等同的真言,因为它可以帮助自己和他人彻底破除一切执著,舍离一切苦恼,千真万确,没有半点儿虚假。

经文："故说般若波罗蜜多咒,即说咒曰:揭谛,揭谛,波罗揭谛,波罗僧揭谛,菩提萨婆诃!"

语译："故此宣说智慧到彼岸真言,就是说:去啊,去啊,去彼岸啊! 圆满地去到彼岸,祝福得到正觉。"

15. 祝　福　语

最后,为使我们铭记《心经》的密义,它赠我们一首简洁的真言作为总结。"揭谛"是去的意思;"波罗揭谛"即是去彼岸;"波罗僧揭谛"中的"僧"字解圆满,于内是个人完全彻底,于外则是众生全体,故可解作:全体众生一起全心全意去到彼岸;"萨婆诃"是一种祝福语,即祝福大家得到正觉。全首真言是说:**"去啊,去啊,去彼岸啊! 全体众生一起全心全意去到彼岸,祝福得到正觉!"**

结　　语

　　前面已跟大家简单介绍了《心经》。要指出的是,这个介绍缺乏严谨的考证,因为以我目前的修为难以用语言文字来把它说得很清楚明白。我讲《心经》的目的,是为了尽一己绵力将佛法普及弘扬,希望能够引起大家对佛教的兴趣,能鼓励大家多读经文,多听大德的开示及精进修行。尤其是对经文中提过的五蕴、十八界、十二因缘、四圣谛等根本教理作更深入的研究,以及在四念住的修习打好基础。

　　本师释迦牟尼佛开示过,因缘所生法是很艰深、不容易明白的。《心经》开始时已指出只有当菩萨修行到很高境界时,才可以深刻地观照到空的实相,其用意是劝谕那些小乘人①不要执著教理——十二因缘、四圣谛,在修行

―――――――――

　　①　小乘,即小的船载,在佛经中通常指声闻、缘觉,即那些独自修行,缺少度他精神的人。

的同时亦应当培育慈悲，即自度之时亦以度他为己任。我们当然不能期望自己能像佛菩萨一般深刻地了解空，现阶段，我们就像佛经《小部·生盲品》的盲人摸象寓言：一群瞎子想认识大象是什么样子的，但是他们没有眼睛不能看到，故唯有靠用手去摸索，于是摸到象腿的便以为大象是柱子；摸到象肚的便以为大象是墙壁；摸到象耳的便以为大象是扇子，他们要能真正认识大象则有待瞎子复明了。

本书对空的解释，只是我个人在摸索佛法之后与大家分享的一些片面看法，既不全面，亦非绝对。要能够全面理解空，必须有待我们的法眼张开，有着菩萨般善分辨诸法的能力才行。然而，只要我们依循《心经》所指示的方向，多闻、多思、多修，我们的智慧一定会得以提升，对空的了解也会越来越深刻和全面。最后，我祝愿大家能够透过精进的修行，福慧圆满。

潘教授的手与佛像相接时,更期望的是心与佛法融会相通。

经过七日短期出家,潘校长得到的是身心的清净自在。

潘校长到缅甸禅修,感受深刻。

佛教与人生

序

觉光法师

　　信仰佛教能净化人心，美化生活，善化社会。而正确的信仰态度，应该是解行并重的，因为如果宗教只偏重义理的阐述而忽略了行持，这仅是属哲学研究范畴，说不上是信仰。又如果只偏重宗教活动而对义理缺乏通达的理解，这便很容易流于迷信。

　　《佛教与人生》这本书对佛教解行相应的道理有正确深切的论述。作者香港理工大学校长潘宗光教授用客观辩证的科学态度，去深求和解说佛教义理的可信性，同时亦提供了很多正确的、合理的、可行性很高的行持佛法的方法，这的确是给予认识佛教和实践佛法的人们一个具有效用的指南。

　　"人能弘道"，潘宗光校长不单以文字般若弘扬佛法，就以他身为高级知识分子，一个实事求是的科学研究者对佛教信仰尚且这样服膺坚信的事实来看，确然可以澄清部

分人们对正信佛教产生的误解和疑惑。同时我相信《佛教
与人生》定能启发读者的正知正见，更藉此缔造一个美满
自在的人生。

佛历二五四五年佛诞日
于香港香海正觉莲社

　　潘教授喜得觉光法师赠序,指本书确然能澄清人们对佛教的误解和疑惑及启发读者的正知正见。

星云大师谓：潘教授可贵的是深具菩萨心肠。大师又何尝不是菩萨。

序

星云大师

本书作者潘宗光教授是世界知名科学家，不但桃李满门，而且著作等身。近几年，潘教授经常参加佛学研读班、参访教界大德，并数度到台湾佛光山禅修，参加短期出家修道会、在家五戒菩萨戒会，潜心佛法，解行并重。

禅宗六祖惠能大师言："佛法在世间，不离世间觉。"潘教授平常用心生活，时有心得体悟，可贵的是他深具菩萨心肠，常做不请之友，乐于与人分享。他坚持佛教应在众生中推广弘传，所以不仅善说、乐说，更积极地将讲说内容结集成书。

在《佛教与人生》这本书中，我们处处可以感受到潘教授以科学家的精神，对佛法加以客观的分析、实证研究，并且归纳演绎，印证佛教的教义。尤智表先生在《一个科学者研究佛经的报告》中说："科学愈昌明，佛教的教义愈发扬光大。……这是因为佛法的理论，都能透过科学的考验,故凡对于科学造诣愈深者,愈能解释佛经中素不能解的文义,从而知佛教中一切事相,在常人视为迷信者,都有其健而强的理论基础。"诚斯言也。

佛教的教理本身蕴含许多有关精神与物质世界的深邃思想与概念,可以提供科学研究发展的构思与方向;潘教授在著作中列举了不少科学上的例证,解释佛教的重要思想,说明了科学愈发达,则愈能印证佛法的合理性与真实性。如《阿含经》中记载:"佛观一钵水,八万四千虫。"透过科学仪器,便可证实此言非虚。而爱因斯坦说明宇宙是三度空间、一度时间的四度时空连续区的相对论说法,与佛教对时空的体认,所谓"因物故有时,离物何有时"的无客观存在的理论是相同的,无怪乎梁启超先生会说:"佛教之信仰乃智信,而非迷信。"佛教是理性的宗教,佛法是智慧的学问。

放眼学术界,不少科学家、哲学家都热衷于研究佛学,究其因素,正如王恩洋先生所说:"佛法是最哲学的宗教,又是最科学的哲学。它是理论与行为一致的,它是悲愿与智慧合一的,它是无我无神的,它是普度一切众生的。"

熊十力先生精通佛学、儒学和西洋哲学,所著的《佛家名相通释》,不但可视为佛教法相唯识学的小辞典,亦因融有中印哲学而称誉世界;另外还有章太炎先生的《告佛子书》、牟宗三先生的《佛性与般若》、唐君毅先生的《中国佛学中之判教问题》、台大李嗣涔教授的《难以置信》等,这些有关佛学研究的著名作品,说明了科学家和学者对探讨佛学思想的热诚。

在《佛教与人生》一书中,潘教授除了以科学、哲学的角度印证佛教的思想外,更在字里行间提醒读者要决心远离痛苦烦恼的根源——妄想执著。读者若能从潘教授"理事无碍"的"般若妙用"中体会佛法的人间化、生活化,一定能具正知正见,进而生活美满,家庭幸福。

潘宗光教授学佛的精进度与其治学精神是旗鼓相当的。我喜见他以弘扬佛法为己任,广结善缘,遍撒菩提种子,如此精进不懈,他朝必然可使人间得见净土,佛国现前。

星云

于台湾南华大学

二〇〇一年六月

序

净慧法师

潘宗光先生先著《心经与生活智慧》，以深入浅出、明白晓畅之文字，发辉般若奥义，颇受学界欢迎，洛阳纸贵，一版再版。今又著《佛教与人生》一书，蒙远道以书稿见问，幸先读为快。潘先生在书中紧扣佛教与人生之主题，就二者之密切关系，婉婉道来，言近旨远，言简意赅，对于当今时代弘法利生而言，实为当机之作。

讲到佛教，过去太虚大师有过这样的诠释：佛教"由佛陀圆觉之真理与群生各别之时机所构成"。故佛教有两大原则："一曰契真理，二曰协时机。"非契真理则失佛教之体，非协时机则失佛教之用。契理契机，体用双彰，方为佛陀出现世间之本怀，亦即佛教弘传于世之使命。佛教能够历久不衰、历久弥新，究其根本实在此也。

佛陀之教法流传二千余年之久，经过不同时空环境的历练，在其自身发展的漫长岁月中形成了诸多特性，就其要者而言,有以下诸端:(1)教主人格的庄严性,(2)教义体系的完整性,(3)教团组织的稳定性,(4)教化目标的利他性,(5)终极关系的圆满性,(6)佛与众生的平等性,(7)不同文化的包容性,(8)不同时空的适应性。这应是佛教最具代表性的一些特征,也是佛教契理契机原则的具体落实。

讲到"人生",佛教虽是普为一切有情所设,但以人为中心,人是十法界中迷悟升沉的枢纽,四圣六凡皆以"人道"为起点。

根据《长阿含经》卷二十《世纪经》所说,人类有三事优胜于诸天:

一者勇猛强记,能造业行;二者勇猛强记,勤修梵行;三者勇猛强记,佛出其土。

《立世阿毗昙论》说人类有八大优势:

一聪明故,二为胜故,三意微细故,四正觉故,五智慧增上故,六能别虚实故,七圣道正器故,八聪慧业所生故。

《增一阿含经》卷二十六《等见品》说:

人间于天则是善处,……诸佛世尊,皆出人间,非由天而得也。

同经卷二十八《听法品》载：

佛言：……我身生于人间，长于人间，于人间得佛。

因而，佛经中处处强调"人身难得"，要我们珍惜人生，珍惜生命，利用有限生命，广作利他善事。

人之要义于此可见。所谓"生"就其应有之义，含有生命、生活、生死三个方面，但三即一、一即三，既不可混淆，亦不可等同。生命在刹那中起灭，生活在刹那中变化，生死在刹那中相续。有生命即有生活，有生活即有生死。有生命即有意识，有意识即有感受，有感受即有苦乐，有苦乐即有分别，有分别即有迎拒，有迎拒即有人我是非种种烦恼丛生。这大概就是我们所说的生活。生命也好，生活也好，均受种种条件的制约，不得自由，不得自在。佛教于此说为诸行无常，诸法无我，缘起性空。

佛教讲人生之实义，最后归结为转变迷失之人生而成就觉悟之人生。在此转变、成就的当下，认识到生命即生死、生活即生死，敢于直面人生，改造人生，推己及人，自他互利，此即于生死中而觉悟人生，于生活中而奉献人生。能如此，则能于生活中觉醒生命，成就生命，提升生命，圆满生命;能如此,则能在生活中了却生死,在生死中净化生活。至此,佛教与人生之实义方能跃然于纸上,亦能落实于言行之中。所谓坐而论,起而行,解行相资,理论与实践合一,觉悟人生与奉献人生不二。能如此,则五戒十善始于当下,六度万行行于当下,佛教自他二利之精神必然光耀于世间。

在此书问世之际,谨赘数语,愿与慕先生之名、读先生之书者共勉。是为序。

于河北柏林禅寺问禅寮
二〇〇一年三月二十二日

　　净慧法师于二○○一年六月上旬经香港回河北短留数天，潘教授又得亲聆师父开示指导，学佛信念更为踏实。

　　潘教授虚心请益，净慧法师谆谆善导，相中淡淡地渗出了融和、温暖的气氛。

自序

近年来，很多大德致力推广人间佛教，更多人因此有机会与佛教结缘，并藉此得到更充实、更快乐的人生。我在八年前开始接触佛教，学佛的日子尚浅，但也深切了解到，弘扬佛法不仅是高僧大德的毕世功业，也是每一位学佛者的责任。所以我也不执著于效果，于一九九八年底出版了《心经与生活智慧》一书，希望尽一己之力，利用简单的语言和日常生活的例子，向初学佛者阐释《心经》的大义。拙作出版后，得到各方好友的支持，鼓励我在推广佛教方面多做点工作。去年二月，我接受了香港理工大学文化推广委员会的邀请，以"佛教与人生"为题，在理大主持讲座，与校内外人士分享我在学佛过程中的一些体会。当日在座千多位朋友的热情，给了我极大的支持和鼓舞。在感动、感激之余，我决定将讲座的内容编辑成书，期望能藉此令更多人对佛教产生兴趣。

我从事科学研究数十年，对于佛学也有一点肤浅的认识，所以深深体会到，佛教和科学的范畴虽然不同，但两者对因缘的探索是不谋而合的。因此，我特别尝试利用自己对科学的认识，从科学的角度，解释佛教"诸行无常"、"诸法无我"等重要概念，又以科学的例证，说明佛教相信"六道"存在并非迷信之说。

　　本书能够顺利付梓，我要特别感谢我的皈依师柏林禅寺方丈净慧法师、香港佛教联合会会长觉光法师及佛光山星云大师赐序和在编辑的过程中提供了很多宝贵的意见。在此也要感谢查良镛博士惠赐墨宝、林先生赞助出版、汉荣书局有限公司石景宜先生提供本书的部分插图。最后，我要感谢严崔常敏女士将讲座内容编成本书的初稿，以及内子婉芬的支持和关怀。

二○○一年五月于香港

在无锡太湖之滨的灵山大佛前，潘教授对佛法更显信心。

1. 佛教的基本义理

佛教中有很多发人深省的义理,我们可以从不同层次、不同角度来加以讨论。不过,在探讨佛教基本义理之前,让我先介绍佛教教主——释迦牟尼佛。

1.1 释迦牟尼佛——缘起法的发现者

佛即佛陀(Buddha 的音译),是觉悟的意思,是觉者开悟成道后的尊称,成道前则可称菩萨。历史记载中的佛陀原名悉达多,出生于公元前五百多年印度迦毗罗卫国,父亲是净饭王,母亲摩诃摩耶夫人。悉达多原是太子,过着优哉悠哉的生活,可谓不知人间疾苦。有一次他到王城出巡,发现一般百姓的生活原来很苦,而更严重的就是每个人都无可避免必须面对生、老、病、死的苦恼。他猛然省悟到,纵使现在活得舒适快乐,将来也难免有苦恼,物欲的快

乐终有尽时，苦恼却是必然存在。于是，他毅然放弃王子的尊贵荣华，出家修道以求解脱。

当时印度宗教盛行苦行，悉达多出家修习了六年苦行，期间只进食极少量的食物，把身体饿得剩下皮包骨。但他发觉苦行无助于解决人生问题，不能减除烦恼。于是他放弃苦行，在菩提伽耶的尼连禅河畔，坐在菩提树下潜修，努力参透人生真理。在一个夜色清明的晚上，经过不懈努力，他终于证觉了缘起法而得到最高智慧，成为觉者——佛陀，又被尊称为释迦牟尼——释迦族的沉默圣者。

佛陀是缘起法的发现者，但缘起法不是他发明出来的，他曾说："若佛出世，若未出世，此法常住，法住法界。"意思就是，即使有没有佛陀的出现，因缘法也是恒常存在，不拘于时间（住）和空间（界）。它表明因缘法只是一个现实存在的自然规律，而非个人的发明，故此我们不应把佛陀视作神，无中生有创造"真理"。佛陀其实更像科学家，发现宇宙人生的规律。

缘起法的发现者——佛陀——固然有极高的智慧，但同时也是极慈悲的,他教导众生缘起法,好让大家可以一起从生、老、病、死的人生苦恼中解脱出来,得到真正的福祉。故此,学佛不该像拜神般寻求他力的庇佑,像俗语说的"平时不烧香,急来抱佛脚"。我们应诚心诚意跟随他的教导,身体力行多做好事、多作修行,靠自己的努力求取智慧,成功得到解脱。

有些人遇到有事解决不了,便去求神拜佛,或者找黄大仙求签、许愿,偶然问题得到解决,便去答谢神恩。有些人甚至和神灵讨价还价,承诺多做善事,希望得到他力的庇佑。其实哪有这种讨价还价的事,佛教认为自己的问题得靠自己解决,这是依从于缘起法的自报自受原则。

1.2 缘 起 法

缘起法是宇宙的最基本规律,它指出世界上的所有事情、现象、物件都不会突然产生,而必须有一个主因,和适当的环境条件配合——助缘。当因与缘配合得宜,成熟时就会产生结果。例如,苹果树的出现,首先要有一颗苹果种子,但单靠它也不会变成一棵树的,假如将种子放在仓库里，即使放得再久也不会长出一棵树来，所以单有因是结不出果的。一定要将种子放在泥土里，并有适当的水份、阳光、温度、肥料等等配合，它才会发芽成长，变成一棵树，结出苹果来。所以，主因一定要配合适当的助缘，因缘和合才能结出果。换言之，果要靠因缘和合而生，而缘就是众多条件的配合。

世间的一切运作莫不按照缘起法，再举另一个例子解释，就说企业管理吧！一所企业必须有其主因，再与众缘配合才会取得成功。首先，它端赖于领导层的创意，这是主因；然后，再配合各种助缘，如发展策略、运作管理、社会互动关系等等，才可以建立起一项成功的事业，当中缺一不可。

因	缘	果
苹果种子 ＋	泥土、水份、肥料、温度、阳光等 →	苹果树→苹果
创意 ＋	发展策略、运作管理、社会互动关系等→	事业成功

缘起法

缘既有好的，也有不好的，产生不同影响，从其所结出来的果就很不相同。例如，把种子放进贫瘠的泥土里，苹果树没有足够肥料必然生长不良，结出来的果实也就不会好。若把种子放到肥沃的泥土内培养,加上适当的条件配合,结出来的果实便会很好。由此可见,同样的种子遇到不同的条件,结出来的虽然还是苹果但果实便会有所不同。

由于缘是由很多条件配合而成的,所以会不停地变化,要是有某一个条件改变或消失了,那么果实便可能无法生长。例如,因为天旱而泥土缺少水份,便会导致苹果树枯萎。条件的消失可称之为因缘散尽,这时果就会随之而消失,没法存在。

总括而言,缘起法的基本义理就是:"因缘和合而生,因缘散尽而灭。"

1.2.1 缘起法的延续与差异

佛教有首偈颂:"此有故彼有,此生故彼生;此无故彼无,此灭故彼灭。"是什么意思呢? 我们将它剖析,把第一、三句联系来理解,"此有故彼有,此无故彼无"的意思是,这里发生的事可以成为助缘,影响别处的事,故此任何事物都是互相依存,不可以单独存在的。这就是从空间上认识缘起法。另外把第二、四句联系来理解,"此生故彼生,此灭故彼灭"意思就是因生果、果变因,两者不停变化。这就是从时间上认识缘起法。换言之，可以从时间和空间的层面来认识缘起法，在下一节我们将会详加讨论，现在先举例解释因果相续的情况。

果从因缘而生，但生起后是否就此完结呢？不是的，所生的果会成为另一个因，再产生下一期的果。例如，苹果被虫蛀坏了，吃了会使人肚子痛，坏苹果就成为病的因。又如经由良好助缘的苹果很香甜，可以卖得很多钱，那苹果便成为赚钱的因。果会按不同的因缘而出现差异，但无论是好是坏，这个果也会变成为下一期的因，生出下一期的果。因变果，果变因，因果相续，没完没了地演变下去，不会停止。如此因果相续，前世、今世、来世可以看成是一条连环扣成的链，因和果互相紧扣，生生世世不断。故此，佛教相信有轮回投胎，这样我们便可以将前世、今世、来世加起来看，从整体来看我们的人生世间，使目光可以更广更远。

1.2.2 诸行无常——从时间上解释缘起法

任何事物都必须因缘和合而生，故此当缘变化后，结果也会随之改变。因为环境与条件（缘）不停在变，所以世事（果）是变幻无常的。无常，是不断变迁的意思。变幻有快有慢,也有好有坏,就如种子放在泥土里,贫瘠的泥土令种子生长得慢些,肥沃的则长得快些。有些东西变得很快,成语昙花一现就是指变化的过程快得令人不能轻易观察得到;有些变得很慢,就如沧海桑田,地壳的变化产生在不知不觉间。地理学家在喜马拉雅山上发现贝壳的化石,证明这山在很久以前是海底,由于地壳的改变,慢慢地成为高山,这改变经累许多世代而成,人的一生不足以觉察得到。人可以直接觉察到精神和身体的改变,但纵使改变是必然的,各人改变的速度却并不一样。

在佛教,人的行为称之为业,包括了身、口、意的各种活动,可以得到或好或坏的果报。做出好的行为,即做了善业,种了善因,遇到适当的助缘时便会得到好的果报;做出坏的行为,即做了恶业、种了恶因,遇到助缘时便会得到苦果。果报出现的时间可快可慢,要看助缘的配合,快者如昙花一现,慢者则如沧海桑田。但"种瓜得瓜,种豆得豆",种下善的因总是要结出善果,恶的因则结出恶果来。所以做人要诸恶莫作,众善奉行。《道德经》也说"天网恢恢,疏而不漏"。

同样的种子,会因为环境(助缘)不同,而得到不同程度的收获,有些果实会显得较为丰盈,有些则较为贫瘠。人也一样,有些人机会多、运气好、常常得到贵人扶持。为什么呢? 是因为运气特别好? 还是无心插柳柳成荫呢? 我个人相信是后者居多。我的解释是,如果我们经常乐意帮助他人,一旦自己有事发生,曾经受过帮助的人,可能会直接或间接地向我们施予援手,也可能暗地里给我们造就机会。表面看来就好像纯然的运气,但其实这些往往是朋友给我们的许多方便,出于平常无心插柳,而终于柳成荫了。反过来说,有些人不愿意帮助别人,甚至常常排斥他人,一旦出事便没有人愿意帮助他们,机会也就不会出现。所以,我们应多种善因,广结善缘!

佛教也有重报轻受之说,比方说某人做了错事,理应受到很重的刑罚,但假如他曾经做过很多好事,帮过很多人,或因而得到别人帮助,如代他求情,最后得到较轻的量刑。虽然不小心做了恶业,但因为有好的助缘,面对报应时所要承受的苦果便会减少。

佛教也说:"放下屠刀,立地成佛。"这句话鼓励人们,即使以往做了很多恶业,但只要决心以后不再犯,并且多做好事,多累积好的助缘,便能有机会成佛。所以即使曾经做过坏事,只要下决心以后不再作恶,诚心忏悔,并且多做好事,让恶种子不再有机会生起,即使生起也只受较轻的恶报,将来还是有机会成为善人。当然,这不代表人们可以随便作恶而期待将来不受报,因为屠刀必须放下才可以立地成佛,恶业万万作不得!

佛教说:"欲知前世因,今生受者是;欲知来世果,今生作者是。"这是什么道理呢? 有些人生活富裕而快乐,什么都好,是他们特别走运吗? 从佛教的角度来看,这不是运气的问题,而可能是前生做了很多好事,种下了善因,所以今生可以享受善果。故此说要知道前世种的是什么因,看他今生所受的果报便知道了。相反,有些人很不幸和不开心,可能因为他前世曾经做过坏事,今生要承受恶果。总之,今生种下的因,可能因缘未到,今生回报不了,而报在来生。因此,若希望将来有好的生活,我们现在便应多做好事。

或有人执拗说:"杀人放火金腰带,修桥补路没尸骸。"他们看到世上有些人做尽了坏事,还是享尽福禄直至晚年,好像很不公平。事实上,那些人曾经作恶多端,但可能因为缘份未到,所种的恶因还没有结出苦果来;但因为前生种了善因,所以今生依然可以享受福报。至于那些人于今生所做的恶事一定会有报应,只是报于来生吧了! 相反,有些人今生做了很多好事,却得不到善报,依然劳苦。我们也不必为此灰心丧气,那只是善缘未到,才未能于今生得到善果,要报于来生;至于今生所受的苦,则可能是他前生所做恶业,今生结出果来。故此,佛教又说:"善有善报,恶有恶报,不是不报,时辰未到。"

诸行无常,就是指事物按因果而变化。虽然变化有快有慢,而收获亦有程度不同,但只要种下了因便终有结果的一天。

1.2.3　诸法无我——从空间上解释缘起法

从空间的层面理解缘起法,佛教认为任何事物都不是独立存在,必须透过因缘和合才可成就。例如大家坐在这所大学综艺馆,它的成立是因为大学当局希望藉着兴建综艺馆,培养学生和老师对文化艺术欣赏的兴趣,这是主因。接着大学成立了一个筹备委员会,考虑各种因素,选定地点和筹募兴建费用,如此等等便是助缘。要是缺乏了其中某些助缘,那么便可能建不成这个场馆,或者不会是现在模样。所以综艺馆的成立,乃至任何事物的出现,均要靠因缘的互相配合。

人的存在和事物都一样，必须要靠因缘和合，首先有爸爸妈妈的存在才产生出小孩子。在成长的过程中，要是发生了什么意外，小孩子或长不大。人也不能独立存在，一定要透过因缘的配合，故必须与外界事物接触、相互依存、相互推动。

既然任何事都是因缘和合，而缘在不停变化，事物也就变化无常，没有固定的本质。例如，对某人的评价，可能没有两个人会完全一样，即使问一百个人、一千个人，也不可能有两个完全相同。究竟某人是个怎样的呢？可能连他本人也不知道，因为人的思维也不停在变。

当提及某个人时，到底所指的是什么呢？是肉体？还是精神？或者肉体和精神相加？有些人认为人的身份由思想来确定，故此思想最重要，肉体并不那么重要。可是，对父母来说，即使儿子患了严重失忆或得了精神病，父母也不会因此而厌弃儿子。至于另一些人则认为人的身份由肉体来确定，故此身体比思想更重要。可是，现今科学发达，换手换脚、换心换肾等移植手术都是平常的事情,身体也是可以改变的。假如某人因为意外而换掉大部分的身体,他的躯壳已不再是原来的了,但我们也不会因此认为他身份改变了。依据科学分析,人是由许多细胞组成,细胞也在新陈代谢更换着,经过几年就几乎全部换掉,人的身体成份也就彻底改变了。可见,我们所认识的人既不是因为他的躯壳,也不是因为他的思想,而是基于对他的执著以确定这个人的身份,至于他的本质是没法说清楚的。对某人的存在只是概念上的认同,是人主观的执著。

除了人之外,我们对事物的认识都是从自己的角度出发,执著自己一边的看法。愈执著,人就愈没法认清事物的本质。佛教有个瞎子摸象的寓言:瞎子们摸大象,各人摸的位置都不相同。一个摸着大象的腿,说大象像根圆柱;一个摸着大象的尾巴,说它像一条绳子;一个摸到象的肚皮,说大象像一堵墙。各个瞎子的说法各不相同。瞎子只能凭他们的触觉,摸到象的某个部分,却以为是象的全部。究竟象是怎样的呢?他们其实都不知道!我们对事物的看法,往往也如瞎子摸象一样,只看到片面便以为是全体,执著于片面的看法。佛教告诉我们,应尽量从不同的角度看,站在对方的立场看,多看一点,对事物的了解就会较深入,所作的决定也较理智,犯错误的机会也较少。

事物的本质是什么呢?先不直接回答,让我举一个简单的例子来阐释。水是很普通的东西,如果问科学家,他会说水是两个氢原子与一个氧原子的化合物,摄氏一百度时变成蒸气,零度时变成冰。这是科学家对水的解释,但对于一个身处沙漠的人来说,他不需理会这些惟把水作为赖以活命的东西,看得比黄金还贵重。对普通人来说,水可以解渴、洗澡,甚至畅泳其中;但水灾却很可怕,水能淹没人的财产和性命。水究竟是什么东西呢?大家都不能绝对决定,只能在某个环境下站在自己的角度去看,就认定水是那样。所以说,事物没有不变的本质。

让我再举微波炉为例:现代人经常使用微波炉,但究竟微波炉是什么东西呢?一般人认为微波炉是一个装了电子零件的箱子,通了电它就能将食物加热煮熟。但微波炉究竟是指哪一部分呢?是箱子形状?又或是它的作用呢?倘若把微波炉拿到没有电力供应的落后地区,当地人便不明其所以,甚至以为你说谎。因为对他们来说,完全不知道有微波的加热作用,所谓微波炉只是个小箱子,不

应称之为炉。所以说,事物没有固定不变的本质,只是人们执著于自己的看法,而单方面认为如此罢了。

《金刚经》中有些经常出现的偈语格式,如:"所谓佛法,即非佛法,是名佛法";"所谓波罗蜜,即非波罗蜜,是名波罗蜜"。把这格式套用于微波炉的例子便成为:"所谓微波炉,即非微波炉,是名微波炉。"意思是,所谓微波炉,其实没有固定不变的本质,只是在某个环境之下,它能起到微波加热的作用,才姑且称它之为微波炉。佛法也一样,只有它能起到作用之时才是佛法,否则也只是一个假名,为方便沟通而姑且称之而已。

诸法无我,就是否定事物有固定不变的本质。

1.3　中　道　与　空

佛陀教导"不落(执)二边取中道",我们可以从上述例子深入了解这教法。人们理解事物,常常站在"有"、"无"二边的其中一边来看。"所谓微波炉"是站在"有"一个微波炉实体的一边来看,"即非微波炉"是站在"无"(没有)实质微波炉的一边来看。但无论是"有"或"无"都是一种执著,两者都不对。要超越执取任何一边,即明白"是名微波炉",我们能以客观的态度,接受微波炉这假名,亦知道它在因缘条件上能起到微波加热作用。

对人也一样,人们常常根据过往经验,把某些人看成是好人或坏人,但即使是坏人也不应抹煞他好的一面,而判定他永远是坏;同样即使是好人,也不应否定他没有坏的一面,而判定他永远是好。所以凡事要客观点,不要只坚持自己过往的看法。比方说,我潘宗光是个怎样的人呢?是怎样来的呢?这些问题都很难三言两语说清楚,因为根本没有一个固定不变的潘宗光,但这并不等于说潘宗光不存在。潘宗光只是一个假名,为的是方便他人认识这个人。所以别把无我误解为不存在。

佛教的空也非指什么都没有,空是说事物没有一个固定不变的本质,目的是教我们不要执著于世事的表面现象,要将事情看得透彻一点,不执著于二边,取中道。《中论》说:"因缘所生法,我说即是空,亦为是假名,亦是中道义。"缘起、空、中道都有相同的意义,也都是假名。

佛法也是假名,正如《中论》①所说:"空亦复空,但为引导众生,故以假名说。"惟信禅师也说过:"未参禅时,见山是山,见水是水;参禅后见山不是山,见水不是水;悟道后却是见山只是山,见水只是水。"意思就是说,未修习佛法前我们执著于世间的表面现象为实有;在修习佛法时,为了不执著,便刻意否定一切表面现象的存在(空),形成对"不执著"的执著;及至开悟后,明白世间本来如此,不应执著于"有"或"无"的任何一边,这样面对世间万物便不会轻率认同或否定,以平常心看事物,即返璞归真而达中道。

正如《金刚经》所说:"无有定法,名阿耨多罗三藐三菩提"。阿耨多罗三藐三菩提是梵文音译,解作无上正等正觉,这句的意思是指没有固定的方法可以使人觉悟。佛法也是没有固定的,有时说空,有时说有②,能达到那样的理解才是最高的觉悟。学佛,并不是指熟读佛经,考试合格就可以成佛。佛法有八万四千法门(众多不同方法),我们要按照自己的根器、知识、喜好、当时环境,去认识佛教义理,找出适合自己的修行方法。根据每个人的不同情况,佛陀

---

① 《中论》是研究中观思想的一部重要著作,龙树菩萨所著。

② 空和有都是大乘佛教,空是中观思想,以龙树为代表;有是唯识思想,以无著、世亲为代表。

教不同的法,姑且称之为佛法。所以我们不要执著于佛经的名词和概念。其实经文旨在给我们指引,我们藉着经文的指引,寻求一套适合自己的方法,才是修习佛法的正道。

1.4 三 法 印

这里介绍一下三法印。法印就像以印章去鉴定文件的真伪,三法印是用以印证教法是否合乎佛教标准,它就是诸行无常、诸法无我、涅槃寂静,即佛教的三个准则。

之前已经解说过诸行无常及诸法无我,以它阐释缘起法并教导人们不要执著。要是知道事物无常变幻莫测,没有固定不变的本质,将来没有一个定数,那做人为什么要执著呢！执著给我们带来许多烦恼、许多苦恼,很不值得。凡事只要肯退一步,看清楚一点的话,我们自然会远离烦恼,心境也会变得开朗、平静。正如《心经》所讲,只要能"照见五蕴皆空"①,便可以"度一切苦厄"。这种安静平和的心境,我们称之为涅槃寂静的境界。

---

① 五蕴是色、受、想、行、识,简言之,人的身心作用。

涅槃(梵语 Nirvana,旧译泥洹),代表一种心境寂静、舒畅、安宁的境界。当然,涅槃有不同的层次,达到最高的层次时,彻底解脱,超脱生死轮回,进入不生不灭的境界。涅槃寂静是佛教的终极目的,到达这境界时,烦恼已经寂灭,再不会有生死、人我等烦恼,是一个充满愉悦、光明、自由自在的境界。

对一般人而言,即使达不到涅槃,但只要凡事能看开点,不起执著,不贪恋五欲(财、色、名、食、睡),自然心境舒畅,得到一定程度的寂静。例如,年青恋人感情决裂,女方离开了男方,男方十分痛苦,并做出很多傻事。那是因为他太执著,所以看不透。其实,在他们恋爱的过程中,双方都不断在变,男方或已改变到一个阶段令女方不再喜欢他;同样地,女方也可能变到令男方无法认识她。所以他应该退一步看,想想大家是否仍然值得相爱,如果不值得的话,就不会干傻事了!

2. 佛教不是消极的宗教

佛陀成道之后,首先教导的是四圣谛——苦、集、灭、道,也就是脱离人生苦恼,获得永恒快乐的四个重要阶段。佛陀指出苦是人生的事实,他教导我们如实去看待人生,要坦然承认不愉快,烦恼是现实的存在,这样才有可能把问题彻底解决,积极面对人生。假若贸然抹煞苦的现实性,反而是一种逃避,真正的消极!可是,很多人看到佛教讲苦就以为消极,而不去深入了解其中义理,白白错过了大好因缘。现在,就让我们考察一下人生是怎样一回事。

2.1 四 圣 谛

谛是真理的意思。四圣谛是人生真理的四个步骤,我们依着这四个步骤去做,便可以得到真理,从而离苦得乐。

2.1.1 苦——佛教的人生观

各种令人感到烦恼的事充满人生,佛教统称之为苦苦;有些事情,本来是开心快乐的,但快乐之后也会变成空虚苦恼,称为坏苦;再有因为事物的变化无常令人焦虑不快的,则称为行苦。

从生命的诞生开始,痛苦就马上出现。婴儿出生要经过一个很痛苦的挣扎过程,他会哭。步入老年后,人也不会开心,女士们往往为多了一根白发、多了一条皱纹而烦恼。病和死当然就更令人难过,它使身体受尽折磨。除了肉体的生、老、病、死外,还有求不得之苦,即希望拥有的东西却得不到,那自然不会开心;还有爱别离之苦,要与喜欢的人分开自然也不开心;并且有怨憎会之苦,即不喜欢的人和事却又偏偏经常碰上,自然也不开心。种种令人感到痛苦的事就是苦苦。

为什么说快乐的事也会变成苦呢?譬如有一个人,他中了六合彩,得到了很多钱,当然非常开心,于是立即吃喝玩乐,做许多他平常想做但做不到的事,但享乐过后,他便开始感到空虚,旧的生活无法再适应,享乐新交的朋友并不可靠,钱总有用完的一天,该怎么办呢?又例如一位太太,她很希望得到一枚钻石戒指,果然在她生日时,得到丈夫的馈赠。那一刻她非常高兴,但过了不久,她开始烦恼,是常常戴着好?还是不戴好呢?戴着,怕给人抢去;不戴,放在保险箱里又很可惜;看见别人的戒指比自己的更大、更漂亮,就更不开心。可见,快乐不是永恒的,快乐之后又是连串的烦恼。凡快乐过后带来的空虚和困扰,均可称之为坏苦。上一页提到的爱别离就是坏苦。

世事经常变幻莫测,现在虽然是很好的,但下一刻却不知道会变成怎么样?人们不知道明天、后天、或将来,在不可知的情况下引起诸多揣测、要求、期望,因而带来许多困扰。比方现在儿子很听话、很孝顺,但娶了媳妇之后,是否还是那样就不得而知,从而产生婆媳之间的猜忌,造成不必要的纠纷。由于变幻无常不能确定而造成的焦虑和苦恼,例如生老病死,便是行苦。

2.1.2 集——认识苦恼的成因

虽然人生满是苦恼,佛教认为苦恼是因缘和合而成,故此最重要的是要了解导致苦恼的成因与条件,才有可能把问题根治。假如无法认识苦恼的成因,那么就只能治标而不治本,问题可能隐藏了却没有被根治,将来依然成为困扰。

2.1.2.1　苦恼的成因——贪、瞋、痴

人为什么会痛苦烦恼呢? 佛教认为,人生充满苦恼,是因为人执著自我。人对自己要求宽松,但对其他人却往往过严,有着我和你的分别。听到别人批评自己会不开心,但下意识地又会对其他人诸多批评,甚至伤害别人,这就是执著自我的表现。除了自我之外,人对自己所拥有的一切,包括名誉、地位、至亲、好友、财富也特别紧张,这就是执著"我所有"。执著"我"和"我所有",自然希望拥有最好的,于是产生贪念;同时又会对那些不喜欢的人和事排斥,产生瞋恨。人常常会被贪婪和瞋恨蒙闭了心性,无法看清事物,变得愚痴。所以,佛教说贪、瞋、痴是造成苦恼的三大毒火,是导致一切烦恼的成因。

2.1.3　灭——订立目标

我们明白了导致烦恼的成因,便可以订立目标,翦除形成烦恼的因缘条件,把烦恼永远断除,不再生起。从根本而言,就是把贪、瞋、痴拔除,使内心得到彻底清静。

2.1.4　道——制订和执行解决方案

烦恼需有其因缘条件才可以生起,同样断除烦恼也必

须具备相应的因缘条件,故此我们必须制订合适的方案,并坚毅地实行。这些条件就是戒、定、慧,称为三学,或三无漏学,其作用在于断除贪、瞋、痴,使我们能根除烦恼。具体方案就是八正道①,修习后令我们具备戒、定、慧的能力,最终了脱生死。

2.2 应用四圣谛的生活例子

四圣谛是一个放诸四海皆准的解决问题方法,除了指导修行外,亦可作为在家人的生活指导。在碰到问题时,我们要依四圣谛的精神,积极面对,接受挑战,不可自怨自艾,或怨天尤人。首先,我们要认清问题所在(苦),然后找出问题的根源(集),确立解决问题的目标(灭),最后制定解决的方案,并付诸实行(道)。

这里试用一个例子来说明,有位朋友因为儿子与媳妇婚后建立了新家庭,她感到被疏远,因此对儿子颇有怨言,

---

① 八正道是修行者所积极实践的八圣道:正见、正思、正语、正业、正命、正精进、正念、正定。小乘人修习八正道,最终可断除烦恼,得究竟解脱。

可这反令儿子产生抗拒,令双方关系变得恶劣。母亲心目中的孝顺儿顿成忤逆子,因而苦恼不堪。其实问题的症结所在,是她对儿子情感上的执著,因而产生许多烦恼和困扰(苦)。苦恼的成因(集),在于她未能体会到儿子已长大成人,需要独立自主、建立新家庭;倘她明白这点,便知道目标是要和儿媳建立良好的关系(灭),而不是坚持要儿子以过往的方式来生活;这样她确定并实践长辈的责任(道),放下自己的执著,让下一代独立成长发展。她听我解释后,顿感豁然开朗,不再对儿子唠唠叨叨,反而以自己的经验去教导他如何建立新家庭,照顾伴侣的需要。儿子和媳妇得到母亲的谅解和开导后,对母亲变得尊敬,大家的关系变得和谐融洽。

風動荷香滿渡

石年賈先生
雅已之己二月
好源恒□□
胜绳园□

3. **佛教不是导人迷信的宗教**

　　我小时候,见到长辈在每月的初一、十五吃斋,过时过节烧香烛、杀鸡还神,那时我以为那就是佛教。学佛以后才知道那只是民间习俗,不是真正的佛教。一般人往往分不清楚民间习俗和真正的佛教,因而误把佛教当作是导人迷信的宗教,给佛教涂上迷信的色彩。其实,佛教绝非导人迷信的宗教,同时亦与科学没有任何冲突。佛教所说的义理绝非迷信,反而是很科学化,经得起考证。甚至可以说,它和科学一样,都是探究宇宙的自然规律的。以下先考察一下三法印中的"诸行无常,诸法无我"。

3.1　佛教与科学

　　在物理世界里,牛顿定律规限着我们日常的活动。我们习以为常地量度物件长度、高度、重量和速度等参数,并且以为可以得到准确的答案。但其实任何东西都由分子组成，而分子是由更细小的原子、粒子等组成，这些平时肉眼看不到的东西，构成了微观世界。

到了微观世界，牛顿定律就不合用了，需要用量子力学才能明白那里的运作。量子力学中有两条基本原理，就是物质二重性（Dualism of matters）和不确定性原理（Principle of Uncertainty，又译作测不准定理）。先谈谈第一条原理——物质二重性，它指出在微观世界里，物质可以表现为占有空间的质点（particle），也可以表现为不占空间的能量，即微弱的波动（wave），质点和波动一体二元。再谈谈第二条——不确定性原理，它指出，微观粒子的正确位置、方向、大小等性质不可能同时被准确量度得到，粒子所呈现的是或然率（probability）式的存在，是变幻的，没有固定不变的本质。这些都是因为量度的方法（缘）会影响到粒子（因）本身，而所得的结果（果）也就会不同。

可见，微观世界也按照缘起法，而物质也是无常、无我的。

至于在极大的天文空间——宏观世里——也可证明无常、无我等概念的科学性。例如，爱因斯坦的相对论告

诉我们,当物体(如载人的飞船)速度接近光速时,宇宙空间会不断缩小。换句话说,宇宙会依观察者的飞行速度而变化,它不是一个固定的存在。

科学证明了整个宇宙空间不是独立存在的,是无常、无我的。在微观世界中,物质是无常、无我的;在宏观世界中,宇宙也是无常、无我的;由此推论,既然两端是无常、无我的,我们所生活于中间的世界也不会是恒常不变的,即可以触摸到的世界也应该是无常、无我的。

爱因斯坦认为物质的质量与能量是可以互相转变的($E = Mc^2$)。世界上有很多现象、事故都是因为能量、质量的相互演变产生出来的,核能发电是一个例子。所以,世事变幻莫测,一切都是无常、无我,没有一个定数。这些例子都显示了佛法的科学,其中并没有迷信的成份。据说爱因斯坦曾提出:"如果世界上有一种宗教能解答科学上提出的疑问,这个宗教一定是佛教。"

3.2 六　　道

我们探讨另外一个课题——六道。佛教相信生命有六种形态,就是"天"、"人"、"阿修罗"、"畜牲"、"饿鬼"和"地狱"六道众生。"人界"和"畜牲界"(除了陆地的动物,也包括空中的飞鸟、水中生物等)是我们日常生活的世界,可以看得见和接触到的存在,但至于"天"、"阿修罗"、"饿鬼"和"地狱"各道则不是凡人所能看到,这里略作介绍:"天"的众生得享福报,心境快乐祥和。"阿修罗"的众生虽然也有很好的福报,生活舒适,但因好斗争,所以心境不平和。"饿鬼"就是鬼道众生,经常感到饥渴,怎么也吃不饱、喝不够,很痛苦。"地狱"众生受的苦就更多,所谓"无间地狱"就是指在地狱中不断受无量的苦,没有间断。

佛教相信整个宇宙是多元的,之中除了有六道众生外,还有许多佛和菩萨存在于过去、现在及未来,只不过人们没有遇上,不认识他们罢了。我们只认识释迦牟尼佛,因为他在这个世界成佛,有历史记载,有考古学的根据。从他口中我们得知,在西方净土有一位阿弥陀佛,这名字大家都常听到吧!在东方净土中有一位药师佛,过去世有曾为释迦牟尼(前生为菩萨时)授记的燃灯佛,未来还有弥勒佛降生于此世上。至于未成佛的则称之为菩萨,例如观世音菩萨、地藏王菩萨、普贤菩萨、文殊菩萨等等,他们都各有不同长处,如观音大慈大悲,闻声求苦;地藏大愿,救

尽地狱众生;普贤大行;文殊大智。

这些观念是否导人迷信?佛教是否与科学有冲突呢?试想想,我们生活的世界是一个有长度、宽度和高度(或厚度)的三度空间,(加上第四度的时间)科学的时空观也是以此为基础发展出来的,我们的思维因此区限于四度概念中,即在同一时间里,只有长、宽、高这三度空间。在三度空间里,能看得见的是"人"和"畜牲"。至于其他各道众生会否存在于其他的空间之中,或者甚至超乎想像的其他五度或六度空间里,而不为我们所察觉呢?我尝试用推理探讨一下这讲法的可能性,并利用简单的空间例子来说明目前科学时空观的限制。

首先,我们从一度空间来考虑,因为它是最简单的,只有长度,没有宽度和高度。对于生活在一度空间的生物,他们的时空观是很简单,也很有趣。假如有两个生物同时在一度空间(像一条线)上生活,他们只可以跟着前面的一个走。因为在一度空间里没有宽度和高度,因此即使他们加速,也不能利用宽度或高度来越超前者(图一)。可是,假如后面的生物是居于二度的空间,即能够掌握宽度,他便可以利用宽度绕过去超越前者(图二 a,b)。但对原来在前面的生物来说,由于他完全不了解二度空间,故当后面的生物突然在他面前出现,他不知道怎样发生,便会认为那是神通、是奇迹,是特异功能。在有长度和宽度的二度空间里,可以容纳许多一度空间(直线)的存在(图三),但在一度空间里的生物,就不能了解到有其他空间的存在,而以为自己所生存的空间是唯一的。生活在二度空间的生物便能感觉许多一度空间的存在,他可以穿梭于其中,因而被看成是拥有神通的生物。

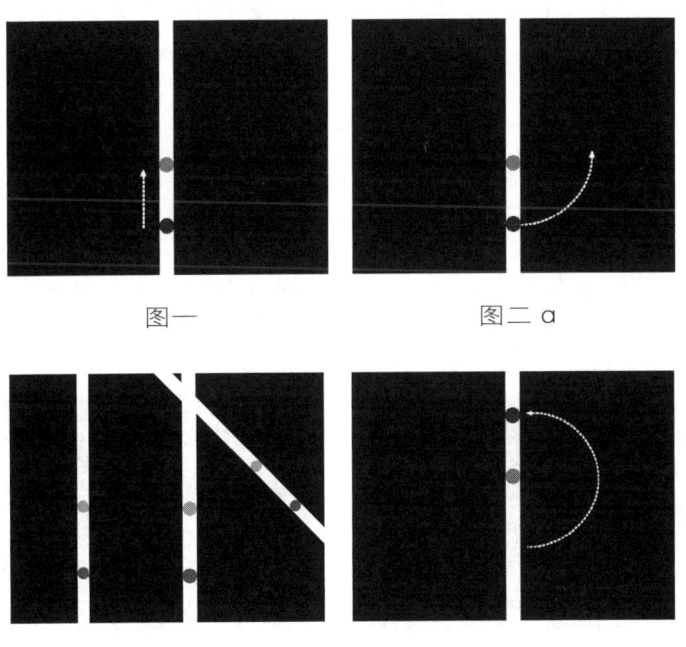

图一　　　　　　　　　　图二 a

图三　　　　　　　　　　图二 b

接着,再把这概念扩展来看,在只有长度、高度而无宽度(或只有长度与宽度而无高度)的二度空间里,假如有两个生物,一个面向左,另一个面向右,要他们改变方向,是不可能的(图四)。在二度空间的生物无论怎样活动,都不可以改变面向,若真要改变便只可四脚朝天(图五)。但是,要是他能掌握第三度空间,即宽度(或高度),那么改变面向便很简单,利用宽度(或高度)翻过去,就能够改变方向(图六)。二度空间的生物看到这动作,他不知道怎样发生,便同样会认为这是神通、是奇迹,是特异功能。在三度空间里可以有很多二度空间的存在,即可以容纳很多平面。但二度空间里的生物却未必了解到其他空间存在的可能性,他们以为自己的空间是唯一的(图七)。生活在三度空间的生物,则可以活动于不同的平面(二度空间)之中,因而被看成拥有超自然力量。

图四

图五

 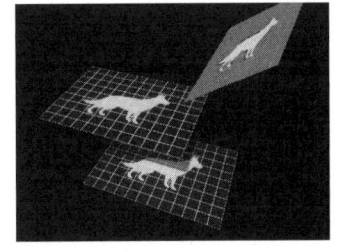

图六 图七

那些看来是神通的力量，可能只是穿梭于不同维度的空间的力量罢了！

现在科学的时空观常常局限了人们的概念和思维。到底有没有五度空间和六度空间的存在呢？现时不知道！至于有没有其他三度空间呢？我们也不知道！正如生活在二度空间的生物不知道有没有其他的二度空间一样，但我们不知道并不等于肯定它们不存在。它们可能存在，亦可能不存在。现时科学是在三度空间里探索，但其实宇宙里面是否只有一个三度空间呢？我想答案应该是否定的。对于活在深海里的生物，海便是它们的空间——唯一的空间，它们不可能了解到陆地空间的事情。同样，陆地的动物也没法知道有深海空间的存在。在海陆交界处也有两栖动物的存在，它们可以知道有关陆地和深海二种空间的事情，而人类则可以透过聪明才智，利用工具穿梭于海、陆、空三种空间。在这个三度空间中已经包含着几个不同的世界。

　　佛教说有三千大千世界①，可容纳佛、菩萨及六道众生。《阿弥陀经》说："从是西方，过十万亿佛土，有世界，名曰极乐，其土有佛，号阿弥陀，今现在说法。"就是说，在离开我们很远的太空里，有另外一个阿弥陀佛的世界。就目前科学所知，在太阳系之外还有无尽的太阳系，那儿的情况不是我们所能知道的，所以不能否定佛教的三千大千世界可容纳诸佛、菩萨与六道众生的讲法。除此之外，我们亦不能否定有另外的三度空间，与我们的世界并存于一个超乎我们想像的五度、六度空间里。可以设想佛、菩萨所存在的三度空间与我们所生活的三度空间是可以融合的，因而他们穿梭到这个世界来，他们的活动看来便像运用神通。

　　这想法与科学并无冲突，因为我们目前的科学不能否定或确认其他空间的存在。二千五百多年前佛教的宇宙

---

　　① 以现代术语来说，一个世界是一个太阳系，一千个世界为小千世界，一千个小千为一中千，一千个中千为一大千，一个大千世界即相等于十亿（一千的三次方）个太阳系。

观,已超越现在的科学。由此可见,佛陀的智慧是不可思议的。

3.2.1 六道轮回在人的一念心

人的思想、心念,也是六道的缩影。例如有些人生活富裕、快乐无忧,像是活于天道里;一般人有喜、怒、哀、乐,就是活在人道;有些人虽然生活得不错,但好斗争,心绪不安宁,像是阿修罗道;有人迟钝和懒惰,庸庸碌碌,无生活目标,和畜牲道没有多大分别;有些人欲望强烈,争名夺利永不知足,跟永远吃不饱、喝不够的饿鬼没有多大分别;还有些人身心受到折磨,如同活在地狱道。若有人因好学、勤奋,能把握机会变得富裕,活得快乐,他便像从"人界"轮回投胎到"天界"一样。又或者人们经历突然而来的痛苦,如失恋,就好像从"人道"轮回到"地狱道"。所以说,六道轮回是人的心理状态的一个缩影,存在于人的一念心。

3.3 过去世、现在世、未来世

其实有没有前世呢? 大家都不知道,只能用推理,或用一些科学证据，印证有前世的存在。在这里，我引用一本现代的书来印证前世的存在。布莱恩·魏斯（Brian L. Weiss）是一位精神科专家，经常对精神病人进行心理辅导，并且利用催眠了解病人的内心世界，帮助他们解决心理问题。他把这些经验归纳起来著了《前世今生》（Many Lives Many Masters）一书。在书中，他列举了很多病例，如讲一个很怕水的人，虽然她从未受过水的伤害，和水没有什么大的关系，但总是怕水怕得要命，医生也找不出原因来。魏斯于是把她催眠，让她在催眠的状态下讲出了在前世被水淹死的经历，令她在潜意识里十分怕水，直到今世还对水有恐惧。书中还有许多其他例子可供参考。

据说，西藏密宗也有很多活佛转世，大家可以参考其中的资料。如果认同有过去世及现在世，便该认同有未来世，因为现在世便是过去世的未来世，而现在世就是未来世的过去世。佛教相信有过去世、现在世及未来世，作为佛教徒便应该珍惜现世的每一刻，为将来作好准备。珍惜"当下"的每一刻，不要等，一等就错失机缘。

既然有过去世、现在世、未来世，那么我们的人生观又应该怎样呢？现在的生活，反映出我们过去所做的事，如果现在活得很好,便反映以前所作不错;如果现在活得不好,便反映出以前做得不对。所以对过往我们应采取警惕的态度,时常警惕自己,把坏的改掉。由现在起,努力争取多做好事,多积点福,将来便可以有好的果报。无论以前做过多少好事或坏事,所得结果都是自作自受,不应埋怨别人。明白三世的存在,便要不停警惕自己,也要有承担后果的责任感,这样的人生观便会比较积极和进取。

4. 佛教的实践

佛经上说有八万四千(即有很多)法门可以对治烦恼,这里介绍两个不同的进路——小乘、大乘。乘是乘载的意思,即能度人过海的船只。什么是小乘呢? 小乘主要是先自己做好修行,从烦恼解脱,即所谓"自度"。什么是大乘呢? 就是除了自度利益自己,更要"度他"利益他人,希望他人同样也可以从烦恼解脱,到达清净身心的境界。

4.1 基本的实践方法——八正道

之前谈过,烦恼的原因有三种:贪、瞋、痴。贪是贪心,瞋是瞋恨心,痴是愚痴。愚痴就是因为不认识因果,对事情看不透彻,无智慧脱离苦海,所以愚痴是烦恼的根本。如果能解决这三个问题,增长智慧,减少愚痴心,贪与瞋自然会跟着减少。现在先介绍最基本的方法——八正道。

所谓八正道,是八条通往解脱的大道,是脱离烦恼痛苦的方法,与人生有很密切的关系,以下分别讲解。

正见,正确的见解、正确的观念,不要执著自己的主观,作决定时不要只偏重自己一边的看法,应该以不同的角度观看世间的人与事,了解到因缘果报,善恶业力,人生的无常苦空、无我寂静。

正思惟,就是正确的意志。不生坏想,想正确的东西,不偏两边、不贪欲、不瞋恨、不愚痴,远离邪妄贪欲,作真理智慧的思量分别。

正语,就是善良的口业,说正确的语言,说真实话,说令人欢喜、能帮助他人、有利于别人的话。远离一切不慎的语言,无欺狂话,无傲慢、辱骂、刻薄、花言巧语,不在后面说别人坏话,不搬弄是非,不讲使别人听了生起烦恼的话。

正业,业指行为(身)、语言(口)、思想(意)三业,即是言行举止,正当的生活,不做恶事而积极行善。

正命,正当的职业或经济来源。例如从事教育、专业,士、农、工、商等,要有合理的经济生活,高尚的道德,不要伤害生命和破坏生态环境,也不要投机取巧。

正勤,又译为正精进,向着正确的目标努力不懈。依着以上所讲的各种正道,努力作善,决心断恶,就必定能把自己的烦恼减除。

正念,清净的意念,通过禅修把心念训练得纯粹、专注,使有能力把智慧提升。

正定,集中意志和精神,不三心两意,收摄散乱的心神。通过打坐禅修可得到正念,强化而达至正定的境界。

八正道既指导我们修行,亦须在日常生活中实践,是佛教真正的道德生活。只要对人与事不执著、不计较,自然会获得快乐的人生,必能逐步解除烦恼,保持心境宁静开朗。

4.2 大乘的实践——六波罗蜜多

佛教说有大乘,除了"自度"利益自己,更要"度他",利益他人,希望众生也可以同样解脱。发慈悲心,发菩提心,就是菩萨的自度度他精神。在菩萨道中,最重要的是实践六波罗蜜多。波罗蜜多是梵语音译,意译为度,即到彼岸的意思。此岸是这个充满烦恼的五浊恶世,彼岸则是清净解脱的涅槃。修持佛法如坐上一条船,努力从此岸度过波涛汹涌的苦海,到达彼岸的涅槃境界。能否度过苦海要看船是否够坚固和人是否坚强。因此,我们要以正确的方法,努力不懈的修持,才能够度过苦海,到达彼岸的涅槃。

六波罗蜜多就是六种度苦海的方法,即六度,指布施、持戒、忍辱、精进、禅定、般若(普通话读作"bō rě",是梵文音译,意译智慧)。以下是六波罗蜜多的解释。

4.2.1　布施　　布施主要是为了增长慈悲心,不吝啬,减少贪念,以自己的所有,施予他人。布施可分为三种:财施,以自己的钱财、物质帮助别人解决问题;无畏施,有些人思想上有困扰,需要精神上的帮助,无畏施就是给他施予慰藉,令他有力量去解决问题;法施,让他了解佛法中诸行无常、诸法无我的真谛,放弃执著,这是长远而究竟的解脱烦恼方法。

要布施多少才足够呢？其实，多少并不重要，重要的是要以心作为出发点，如富裕的可以多布施，没有钱的可以少布施，量力而为，功德不是以金钱多少来衡量。与大家分享一个故事，从前有一位圣人进城，城中富人为了炫耀，用很多金钱买了很多油灯来供奉这位圣人。城中另有一位穷人，他非常诚恳，用了所有的钱只够买了一盏油灯去供奉圣人。圣人入城的时候，突然刮起了大风，把所有油灯都吹熄了，唯独穷人的一盏没被吹熄，依然光辉明亮。这故事说明，布施不区多寡，只要发自真心尽力而为便会有不可思议的大功德。

有些人在布施的时候，会执著我在帮助你，而没有想想在助人的同时也为自己积了功德。如果没有人接受自己的布施，则根本没有办法完成布施的善举，自己也就得不到福德。用这样的心去布施，便不会看不起接受布施的人，反要感谢他肯接受施舍，帮助我们圆满功德。首先，我们不要执著于自己是布施者；再者，不要执著于是谁接受自己的施舍；接着，更不要执著于施舍了多少。布施者、接受布施的人和施舍的物件三方面都不重要，最重要的是布施者的心。佛教说的"三轮体空"就是施者、受者和所施之物本身都是空的、没有实质的，不应执著。可见修行布施能使我们放弃执著,心无挂碍,心境也会变得平和、快乐。

有一个禅宗故事:中国梁武帝是一位虔诚的佛教徒,很支持佛教,建筑了许多寺庙,并供养了许多僧人。有一天,达摩祖师来到中国见梁武帝,梁武帝问他:"我做了很多好事,有没有功德呢?"达摩祖师回答:"并无功德!"梁武帝听后很不高兴,再问:"我做了那么多好事,还说没有功德?"两人话不投机,结果不欢而散。后来的大德解释,梁武帝虽然做了很多好事,但由于执著为自己的声名而做,不是真心诚意的,不能作为究竟解脱的功德。所以,我们在布施的时候,应牢记三轮体空,应做就做,不要执著于为自己的名誉行善,也不要执著于施舍了多少。

佛世时,修行人都拿着钵,一家一户去托钵化食。大家或会感到奇怪,是否他们太懒惰了,连饭也不煮呢?其实不是的,他们托钵行乞,目的是减低自己的傲慢心,同时也令人们有机会藉着供养积福,更可以利用接受供养的机会,给别人解释佛法,帮助他们解脱烦恼。所以托钵也是一个修行过程。

4.2.2 **持戒**   是要我们避免做错事。在家人要守五戒。其实五戒并非什么特别的戒条,世界上任何宗教都叫人守戒,即使在社会里也要守戒,所谓"国有国法,家有家规",法律便是社会的戒。佛教的五戒是:不杀生、不偷盗、不淫邪(不合礼法的情爱)、不妄语(不要在背后说别人的坏话,或者挑拨是非,花言巧语,是而说非,非而说是)、不饮酒(亦泛指不吸服毒品和不良药物等容易使人乱性子的东西)。

总括来说,就是"诸恶莫作,众善奉行,自净其意,是诸佛教",也就是不做坏事,多做好事,内心清净,无执著,这就是佛陀的教法了。

4.2.3 **忍辱**   是让身心安稳,减轻情绪反应。有些人不经意让自己介入是非之中,使自己困扰及苦恼。确实很难做到可以完全忍受外来的侮辱、迫害及苦恼,但我们只要能做一分便有一分的好处,做得愈多,好处便愈大。譬喻说:许多交通意外都是因为开车的人不能忍让而引起的。当有车想插队时,很多人会习惯地想:你要插队,我就偏不让你,反而加大油门,于是导致交通意外。假如驾驶者能忍让一下,让这辆车先行,虽然可能因此慢了一点点,

但却可以避免交通意外。又譬喻，为人子女的有时候给父母教训了，虽然明知父母说的可能不对，但是否就要反驳他们呢？身为人子女，应先了解父母的出发点是想子女好的，更应该顾念他们长久以来的养育之恩，让他们多说两句又何妨呢，即使说错了也没关系吧！所谓"退一步，海阔天空"是有道理的。

再引一个台湾证严法师所讲的例子，法师的母亲向她哭诉，说证师的弟弟在跟别人争执时被对方误杀了。母亲很伤心，准备在法庭上指证凶手。但证严法师请求母亲说："弟弟已经不在人世，无论怎样也不会再活。"她希望母亲在伤心难过之余，也能体谅凶手母亲的感受。她相信，凶手的母亲一定也不好过，感到对不起被杀者的家人，也担心儿子会受到重罚。法师劝母亲说："既然如此，即使出庭作证，让凶手得到制裁，也不会有什么好处。其实发生这件不幸的事，可能是因为他们两人以前的纠缠，或者是因为前世恩怨所结的果。在这次意外中，也有机会是弟弟杀了对方，所以应该易地而处为他人设想。如果你能放过凶手，一方面可以为弟弟积福，也为自己积福，种下善缘。"母亲接受了证严法师的意见，在法庭上反为凶手辩护，说自己的儿子或许也有不对，希望法庭予以轻判。这样，凶手得到较轻的刑罚,凶手的母亲也很感激她们。这个事例告诉我们,即使受到别人的伤害,也不要老是想着以牙还牙,相反,要是能以德报怨,可能会得到更好的结果,自己的心境也会舒畅些。

忍辱并不容易做得到,但如果能的话便会有很多好处。有时,人们因为不能忍一时之辱而做出许多傻事。中国历史上有名的忍辱例子很多,像"韩信忍受胯下之辱"。他因为能够忍一时之辱,得到了将来的成就。从佛教的观点看,忍辱的目的是对治憎恨心,能使三毒之火减少。

4.2.4 "精进" 是勇猛勤策,进修善业,在修善断恶方面,我们要不懈怠地努力上进。有些人做事常不能坚持到底,事情只做了一点还未看到成果,就嚷着要放弃。其实,成果往往不可能一时一刻便出现,要慢慢才会见到,因此不要急功近利,别半途放弃,一定要坚持精进努力,贯彻始终。

4.2.5 "禅定" 指集中心意达到不散乱的状态,又常称为打坐、或静坐,是佛教修行很重要的一个过程。日常生活中,人经常与外界接触,眼看东西,耳听声音,鼻闻香臭,舌尝甘苦,身体触感觉,意识接触概感。眼、耳、鼻、舌、身、意与外界接触，便受到外界的染污和影响，因而心猿意马得不到安宁。不妨试问自己，有没有给自己一点时间，摆脱外来的干扰，真正了解自己的内心世界？透过禅坐，可以止息内心的妄念，作正确的观想，得到更高层次的智慧——般若。

其实每个人本身潜藏本有的力量及智慧，只是未经发掘而已。譬喻光线，把它散射到各处去就起不到很大的作用，要是把光线集中起来就能够成为激光，发挥无穷威力，连金属也可以轻易穿破。智慧像激光一样，可以集中起来穿破无明。人本来就有潜在的智慧，但被外境和烦恼所遮闭而变得无明，就如一颗蒙尘的明珠一样。只有透过修行，断绝外面的干扰，了解自己的内心世界，像把层层的尘埃抹去，让明珠便可再次明亮起来。人们不知道自己潜在的智慧，也没有给自己时间去认识它，因而造成恶性循环。一般是通过打坐来修习，达到较深层次时则不拘形式，可于日常生活的行、住、坐、卧中修习。这样在任何时刻都可以收摄心神，不受外界所影响，习而有成更可以深入了解自己的潜在智慧，让其充分发挥。

禅定的修行方法有很多，按地域的分类有：南传、北传和密宗。虽然方法有多种,但最重要的是从中选择一种最适合自己的方法,持之以恒,更不可今天选择南传,明天又选择了北传,再听说密宗好,又改用密宗方法,若三心两意,就无法深入领会当中的好处。

4.2.6 "**般若**" 即智慧,和世间的聪明机巧不同,它能够明心见性、领悟事物道理的最高深层次。通过不同的途径增加智慧,便可以减少愚痴,减少执著。刚才提到,禅定是一个直接的方法,通过禅定,智慧便自然会显现。菩萨是指那些已修行到很高层次,有很高的智慧的个体。人的根器虽然各有不同,只要能努力修行,大家都可以达到那个层次,即使今生不行,到了来生或再来生,只要能精进努力,我们也可以领会到佛菩萨的智慧。

4.3 日常生活的方便修法

刚刚介绍过六波罗蜜多,即六度,大乘六个度往彼岸的方法。我们毕竟是凡夫俗子,不可能一下子完全没有七情六欲,也很难要求自己每件事都做得很好。那么做不到的时候是否便完全放弃不做呢?不是!我认为要珍惜当下,决定了要做便由浅入深持之以恒地做。例如可以从布施做起:需要金钱的,便量力帮助;需要精神安慰的,尽能力给予慰问。广义而言,孝顺父母、尊敬师长也是布施,对朋友的义气也是一种布施,甚至简单如说声早安,一个笑容,给人快乐和舒服的感觉,都是布施。如此简单,又何乐而不为呢?持戒是避免犯错,遵守法律是应该做得到的。禅定,即使开始时只可以静坐五分钟,但能够把握这个机会,给自己一点宁静的时间,也是一个很好的开始。当养成习惯以后,便可以把时间加长。所以,我觉得以适当的布施、适当的持戒、适当的禅定来做一个开始,这是任何人都可以做到的。如果说做不到,那只是自己不愿意罢了。

除了上面所说之外,还应广结善缘。我们讨论过,任何事的发生都要先有因配合缘才会产生出来的。能够广结善缘,多做好事,自然便有更多好朋友,到有需要帮助的时候,便能施予援手。与人方便,自己方便,所以广结善缘要常常做、不断做、永远做。

在六度中,布施、持戒、忍辱修戒;禅定修定;般若修智慧;精进指努力不懈,对戒、定、慧都有所帮助。修戒、定、慧的目的是断灭贪、瞋、痴。当然,无论是修戒或定,最后都要有智慧才会成功,所以六度是互相关联的。修习六波罗蜜多,除了可以断除自己的烦恼,还可以帮助别人断除烦恼。倘若能帮助别人也断除烦恼,自己的心境自然更加清净自在。但若只自己修行,缺少了慈悲心,修行的境界到达某个阶段后就很难再增进,于是停滞不前。所以修习六波罗蜜多,才能不停进步,到达佛的境界。

5. 佛教的入门经典

　　朋友送我一套《乾隆大藏经》，大大的一套有百多册，刚好排满了整个书架，资料丰富极了。能多看不同的经典和论书（对佛经的解释）当然最为理想，但对繁忙的都市人来说，委实没有那么多时间。况且，佛教经典浩瀚，有些读起来不易明白，一时间真不知怎样入手才好。究竟应该如何选择一些入门的经典呢？以下略作介绍。

　　《杂阿含经》是很重要的佛经，记载了佛陀成道后所说的话，也介绍了佛教中心义理，可以说是佛教的基本经典，故无论修小乘或大乘都宜加细读，方不失佛陀本怀。

　　大乘经典浩瀚，常看到的是《般若波罗蜜多心经》，或简称《心经》。它在中国广为流传，相信很多人都听过，有些更懂背了。它全文只有二百六十字，但包含了佛教六百卷大般若经的精华，即佛教的中心思想，故很重要。但因为经文简要，义理较为隐晦，故有很多解释《心经》的注疏，我也曾经写过一本《心经与生活智慧（增编版）》和《心经与现代管理》，希望引用生活中的例子，用简单的演绎方法去解释《心经》。

《金刚经》也是一部流传很广的经典。经中说："凡所有相，皆是虚妄"就是教导我们不要执著于表面现象，要以多角度去看人看事。经中还有一句名言："应无所住而生其心。"传说禅宗六祖惠能大师也是听到这句经文而开悟。

佛教在中国有很多宗派，比较普遍和盛行的有禅宗、密宗和净土宗，影响了韩国和日本的佛教发展。有关禅宗，最流通的是《六祖大师法宝坛经》，是关于六祖惠能大师的传记和他的教法。至于净土宗，最常读诵的有《阿弥陀经》，大家可以细读。

除了以上经典之外，还有很多其他经典和许多高僧大德所写的书籍都是很有价值的。只要我们多看，多听他们开示，培养对佛教的兴趣和知识，将来定必可以提升智慧，利己利人。

结　　语

　　最后，我讲讲《金刚经》里的四句偈："一切有为法，如梦幻泡影，如露亦如电，应作如是观。"意思就是世间一切事物都是变幻莫测的、无常的、无我的，就像梦幻、像泡影、像电光一样，很快便会消失，能这样看世间事物便不会执著其中得失。朋友将这偈书成墨宝送给我，我把它挂在墙壁上，用以警惕自己成功时别得意，失败时也不气馁，别沉醉过往的经验，致力把握当前的机会，广结善缘为将来打好基础！我就以这偈来和大家互勉。

本书佛学名词浅释

【二画】

人　　　　"六道"之一，即世间人类，虽无天之好福报，有
　　　　　苦有乐，却可借此机缘修行致觉悟以超脱轮回。

八正道　　正见、正思、正语、正业、正命、正精进、正念、正
　　　　　定，是修行者所积极实践的八圣道。小乘人修
　　　　　习八正道，最终可了脱生死，证得阿罗汉果位。

十二处　　"六根"加"六境"（或"六尘"）合称为"十二
　　　　　处"，也就是感觉的来源。即：眼处、耳处、鼻
　　　　　处、舌处、身处、意处、色处、声处、香处、味处、
　　　　　触处、法处。处为区域之意，即六根和六境的
　　　　　接触。

十八界　　"十二处"与其所产生的"六识"（详见"六识"）
　　　　　合称为"十八界"。即：眼界、耳界、鼻界、舌界、
　　　　　身界、意界、色界、声界、香界、味界、触界、法
　　　　　界、眼识界、耳识界、鼻识界、舌识界、身识界、

意识界。界解作元素,故十八界是指感觉。

十二因缘　以因缘所生法来阐释人生的发展历程,分成十

二个阶段,以序列表示:

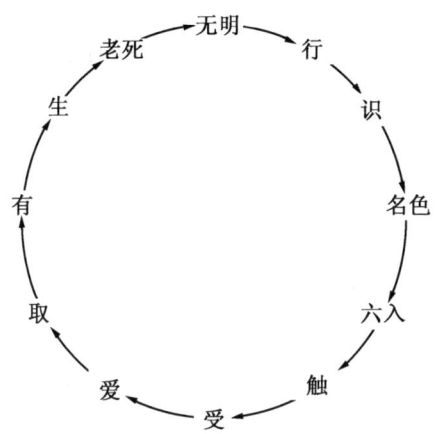

【三画】

三世　　　过去、现在、未来,意指流逝中的时间。

三藏　　　佛教经、律、论的总称,意思就是经文、戒律、义

理解释的储存。唐朝玄奘法师精通此三者故

被称为唐三藏法师。

小乘　　　原意是小的船载,在佛经中通常指声闻、缘觉,

即那些独自修行,缺少度他精神的人。

大乘　　　原意是大的船载,佛教稍后发展,相对于小乘

的派别名称,主旨在于积极发扬自度、度他的

菩萨道精神——智慧与慈悲并重。

三善道　　天、人、阿修罗。

三恶道　　畜生、饿鬼、地狱。

【四画】

天　　　　六道之一,居于天界者,纯享福报,却缺少修行
　　　　　以超脱轮回之动力。

无　　　　在《心经》中,"无"不是没有的意思,而是指没
　　　　　有独立的存在性。

五蕴　　　色、受、想、行、识,组成我们身心的五种要素,
　　　　　亦可理解为整个自我。蕴是积集之意,由于此
　　　　　五者互相蕴含、相互影响,故统称五蕴。

中道　　　佛教一个重要教理。指不偏执苦行或欲乐的
　　　　　两边。本书在义理上将之理解为不偏执正、反
　　　　　两边而能合一。

世尊　　　为佛的十个名号之一,也是佛教对本师释迦牟
　　　　　尼佛常用的尊称。

六度　　　即六波罗蜜多:布施、持戒、忍辱、精进、禅定、
　　　　　般若,大乘佛教指导众生借此六种修行方法而
　　　　　到彼岸。"度"与"渡"通,即到彼岸之意。

六根　　　六个与外界接触的感觉器官:眼、耳、鼻、舌、身、意。

六尘　　　与"六境"同,即相对于六根的外界对象,依次

为：色、声、香、味、触、法。

六境　　　与"六尘"同，见上一项。

六识　　　眼识、耳识、鼻识、舌识、身识、意识，由六根、六境交接而产生的认识了别功能。

六道轮回　天、人、阿修罗、畜生、饿鬼、地狱。当众生死后，视乎所作的业的善恶倾向而投胎到六个不同的境地，善的投入三善道（前三者），恶的投入三恶道（后三者），不断重复流转，非经修行证悟则无有止息。

六波罗蜜　与"六波罗蜜多"及"六度"同，见上页。

《六祖坛经》　中国佛教的重要经典，记载六祖大师惠能的传记。

【五画】

业　　　　行为造作，有善亦有恶，按其所得结果有好亦有坏。

布施　　　把东西赠予有需要的人，可分为：金钱物质（财施）、精神上的支持和鼓励（无畏施）、法义启迪（法施）。

四念住　　"念住"的意思是正念的基础，即对身、受、心、法四者的直接观察，洞悉实相。

四圣谛　　苦、集、灭、道。苦圣谛：人生八苦。集圣谛：十二因缘流传。灭圣谛：十二因缘还灭。道圣谛：八正道。从生活应用角度，这里解读四圣谛为：面对，认识，超越，处理。

【六画】

名　　　不可见的心理活动，包括：受、想、行、识。

色　　　占有空间的意思，广义是指可见的物质，狭义是指身体。

行　　　有为的作意，即意志。

执著　　烦恼的成因，浅解为对事物的理解停留在过往的认识或固有的价值之下，造成思想的缠缚。

地狱　　"六道"之一，长受酷刑之苦，缺乏修行的机缘。

如实知　客观地认识事物的本来面目，而不被感受影响，要能做到：看只是看，听只是听，嗅只是嗅，尝只是尝，触只是触，起念只是觉知。

因缘所生法　为佛教核心教理。简言之，任何事物一定有其主因，加上适当的助缘（辅助条件）才会形成。基于此因、缘、果，任何事物既不能独立自存，亦不会恒久不变。

【七画】

佛　　　圆满的觉悟者，既能自觉，亦能觉他。历史上称为佛者即指释迦牟尼。

识　　　了别认识的心理功能,亦能统摄受、想、行三者
　　　　的活动。

忍辱　　又称安忍,面对顺境或逆境时均能安住不动。

声闻　　亲自听闻佛在世间的教诲而修行至觉悟者。

【八画】

法　　　原意是轨持,即规律,广义是指一切现象,狭义指
　　　　义理(佛法)及概念(作为抽象的认知对象,法尘)。

空　　　指事物没有独立的存在,亦不会恒久不变。表
　　　　面现象呈现两边对立,其实是互动依存。

受　　　即感受,概分为:苦受、乐受、不苦不乐受(舍
　　　　受)三类。

咒　　　又称真言、陀罗尼,是秘密语之意,指能总持不
　　　　可思议效应的语言。

空空　　既不执事物为实有,亦不执著"没有实有"为一
　　　　个不变概念。即是连"空"的概念也要空掉。

舍利子　又译作舍利弗,佛陀十大弟子中智慧第一。

阿修罗　"六道"之一,有天道福报而无品德,憎恨心重
　　　　而好勇斗狠,不思修行。

波罗蜜多　梵文音译,意为到彼岸。

阿耨多罗三藐三菩提　梵文音译,意思是无上正等正觉。

【九画】

持戒　遵行佛陀制定的规矩以保持行为（身）、语言
　　　（口）、思想（意）的清净。

【十画】

涅槃　梵文音译，原意是清凉、欲望的止息，也就是已
　　　超脱轮回的大自在、大解脱的境界。

般若　梵文音译，普通话读作"bō rě"，可解为能认识
　　　事物本质的高层面智慧。

畜生　"六道"之一，以受愚痴、奴役之苦，缺乏接触佛
　　　法修行的机缘。

饿鬼　"六道"之一，经常抵受极度饥渴之苦，亦可理
　　　解为悭贪、不断苛索仍不感饱足，不思修行。

【十二画】

菩萨　"菩提萨埵"的简称。菩提是觉悟，萨埵是有情
　　　众生，意译为觉有情。也可泛指那些诚心修持
　　　佛法，同时亦全心全意普度众生的修行者，无
　　　论是出家人或在家居士都通称菩萨。

禅宗　中国佛教的一个重要流派，其宗旨是："教外别
　　　传，不立文字，直指人心，见性成佛。"

禅定　又名静虑，俗称打坐，即通过心念的高度集中以
　　　觉悟真理。

【十三画】

想　　　　对外界信息的取象,记忆,思维及想像。

慈悲　　　慈即给予众生快乐,悲即拔除众生的痛苦。

缘觉　　　又名独觉,即独自觉悟缘起法者,与佛陀不同
　　　　　之处在于不善说法度他。

【十四画】

精进　　　努力不懈,使善法增长、恶法消退,从而迈向解
　　　　　脱之道。

《肇论》　姚秦时长安人僧肇所著,被誉为"秦人解空第
　　　　　一"。论中有:《物不迁论》、《不真空论》、《般若
　　　　　无知论》、《涅槃无名论》。

开心喜悦的毕业同学们，群拥校长来个纪念大合照。

潘教授与太太于一九九九年夏天前赴北京西山灵光寺礼拜佛牙舍利。

作者简介

　　毕业于香港大学,获伦敦大学博士(Ph. D)及高级科学博士(D. Sc.),曾在加州理工学院、南加州大学及多伦多大学从事博士后研究。

　　投身教育 40 载,在 2009 年 1 月荣休以前,担任香港理工学院及香港理工大学校长长达 18 年。在 1994 年带领学院晋升为香港理工大学。亦曾为香港大学化学系讲座教授兼理学院院长。

　　从事化学研究,于 1985 年及 1991 年两度获瑞典皇家科学院邀请,提名诺贝尔化学奖候选人。

　　2005 年创办精进慈善基金,多年来资助超过 2 000 名有经济困难的内地年轻人完成本科课程,并帮助他们在人格品德方面的成长。

屡获殊荣包括香港十大杰出青年、太平绅士(JP)、官佐勋章(OBE)、金紫荆星章(GBS)、2009 年杰出领袖(教育)等。

曾获委任为两届香港立法局议员(1985—1991)及三届全国政协委员(1998—2013)。

虔诚佛教徒。退休后全力从事个人修行、慈善事业及弘扬佛法。著作有《心经与生活智慧》、《心经与现代管理》、《感恩这一课》、《佛教与科学》、《我认识的佛教(增编版)》等。

图书在版编目(CIP)数据

心经与生活智慧(第二版)/潘宗光著.—2版.—上海：复旦大学出版社，2007.11(2025.2重印)
ISBN 978-7-309-04325-9

Ⅰ.心…　Ⅱ.潘…　Ⅲ.佛经-通俗读物　Ⅳ.B94-49

中国版本图书馆 CIP 数据核字(2004)第 140022 号

心经与生活智慧(第二版)
潘宗光　著
责任编辑/陈士强

复旦大学出版社有限公司出版发行
上海市国权路 579 号　邮编：200433
网址：fupnet@ fudanpress.com　http://www.fudanpress.com
门市零售：86-21-65102580　团体订购：86-21-65104505
出版部电话：86-21-65642845
上海四维数字图文有限公司

开本 787 毫米×960 毫米　1/16　印张 12　字数 97 千字
2007 年 11 月第 2 版
2025 年 2 月第 2 版第 18 次印刷
印数 57 301—58 400

ISBN 978-7-309-04325-9/B·230
定价：48.00 元